# 영재아이로 만드는 웰빙음식

이미숙 지음 / 양일권 박사 감수

도서출판 예가

# Prologue

'아이들의 높은 지능은 부모로부터 물려받은 유전자에 의해 결정되는 것일까 아니면 후천적인 요인에 의하여 형성되는 것일까' 라는 주제는 예로부터 끊임없이 연구되어 왔습니다. 지능을 결정하는데 유전자의 역할이 중요한 것은 사실입니다. 그러나 최근 몇 년 사이 발전하고 있는 후생유전학에 의하면 임산부와 어린 아이들이 먹는 음식이 자신들의 두뇌발달과 건강에 큰 영향을 줄 뿐만 아니라, 그것이 후세에까지 유전된다는 사실이 밝혀졌습니다.

미국 듀크 대학의 랜디 지르틀 박사가 '분자 및 세포 생물학' 최근호에 발표한 노란 쥐 실험 결과는 유전자가 동일할지라도 섭취하는 음식의 종류에 따라 유전자를 발현시키는 스위치가 켜질 수도 있고 꺼질 수도 있다는 사실이 밝혀졌습니다. 연구진은 유전적으로 거의 동일한 두 그룹의 노란 쥐들에게 한 그룹은 임신 전부터 출산 전까지 비타민 $B_{12}$ 및 엽산(folic acid) 등이 함유된 음식을 주고, 다른 그룹에게는 함유되지 않은 음식을 제공했습니다. 노란색 털을 가진 어미 쥐에게서 갈색털을 가진 새끼 쥐와 노란색 털을 가진 새끼 쥐가 태어났는데, 갈색 털을 가진 쥐는 노란 털을 가진 쥐에 비해 여러 가지 측면에서 건강이 더 좋았습니다. 연구결과 비타민 $B_{12}$와 엽산을 먹은 쥐들은 대조군에 비해서 건강이 양호한 갈색 털을 가진 새끼를 더 많이 낳았습니다. 지금까지 쥐의 털 색깔은 유전자의 염기서열에 의해서 결정되는 것으로 알고 있었으나 서로 다른 색깔의 털을 가지고 태어난 새끼들의 유전자 염기서열에는 전혀 변화가 없었습니다. 염기서열의 변화 없이 음식 등 후천적인 환경의 변화에 의해서 털 색깔에 변화가 생길 수 있다는 사실이 밝혀진 것입니다.

후생유전학에 의하면 유전자의 염기서열이 변하지 않을지라도 메틸기(CH3-)가 유전자에 붙어서 '메틸화(methylation)' 가 이루어지면 유전자의 발현에 영향을 끼칠 수 있다는 것입니다. 후천적으로 유전자 발현에 영향을 미칠 수 있는 메틸

기와 그 메틸기를 유전자에 달라붙도록 운반해주는 메틸운반효소가 함유된 음식의 섭취여부에 따라 건강 및 두뇌의 활성화가 결정된다는 것입니다.

본 책에서는 IQ · EQ가 높아지도록 유전자를 활성화시키는 데 도움이 되는 성분들에는 어떤 것들이 있고, 그 성분들이 함유되어 있는 식품재료는 무엇인지, 그리고 그 재료를 사용하여 어떻게 음식을 요리할 수 있는지를 기록하였습니다.

자라나는 우리의 자녀들에게 가급적 천연 재료들을 이용한 건강음식을 제공함으로 더욱더 건강하고 총명한 자녀들로 성장하여 세계를 이끌어갈 주역들이 되기를 바랍니다.

한 가지 부탁드리고 싶은 것은 영아기와 유아기의 음식분량이 적어 사진을 찍는데 어려움이 있어 양을 넉넉하게 만들었으므로 아기들의 기호에 따라 조절해 주시기 바랍니다.

이 책이 나오기까지 지난 3년 동안 미국 세리토스 지역사회 한인들을 위한 건강요리 강습회에 늘 한결같은 마음으로 아낌없이 도와준 Heidy Son님과 바쁜 일정 뒤로 미루고 요리사진 찍는데 도와준 친구 Connie Yang 그리고 더운 여름날 구슬땀 흘려가며 Decoration을 해준 친구 심은영, 요리사진을 찍어주신 서성일 선생님께 감사드립니다.

또한 지난 5년 간 미주 '오늘의 신앙 TV 방송' 시청자들을 위한 요리강습회를 도와준 Marie Lim 께도 감사드립니다.

끝으로, 이 책을 감수해 준 남편에게도 감사하며, 어려서부터 밥을 잘 안 먹어 늘 새로운 음식을 연구하도록 자극을 주었던 두 아들에게도 고맙고, 책이 세상 빛을 볼 수 있도록 도와주신 예가 출판사 윤다시 사장님께 다시 한 번 감사를 드립니다.

2011년 3월

LA에서 저자 이미숙

# Contents

## 천연조미료 만드는 방법



## Part 01 태교부터 똑똑한 아이로 만드는 임산부 음식

### 임신초기의 음식

### 임신중기의 음식

### 임신말기의 음식

## Part 02 두뇌를 좋게 하는 영아기의 음식

### 이유 준비기의 음식(4~5개월)

### 이유 전기의 음식(6~7개월)

### 이유 중기의 음식(8~9개월)

# Contents

### 이유 후기의 음식(10~12개월)



### 이유 완료기의 음식(12개월 이후)



## Part 03 두뇌를 좋게 하는 유아기의 음식



## Part 04 두뇌를 좋게 하는 학령기의 음식

### 성장기 아이들의 두뇌가 좋아지는 음식



### 키는 크게! 비만은 예방하는 음식

# Contents

## Part 06 두뇌 활동을 활발하게 하는 식품

## Part 07 두뇌 활동을 방해하는 식품

## Part 08 두뇌에 나쁜 조미료

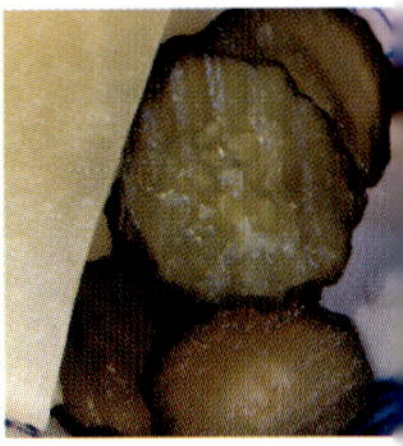

## Part 09 두뇌에 좋은 습관 & 나쁜 습관

# 천연조미료
# 만드는 방법

## 조리료의 역할

음식물의 맛은 온도, 단단함, 끈기같은 물리적 조건과 형태, 외관, 색깔, 냄새같은 심리적인 요인에 의해 좌우되는 부분도 있다. 그러나 기초가 되는 것은 혀로 느끼는 미각이다. 맛을 지닌 화학물질이 물에 녹은 상태에서 혀 표면에 수없이 흩어져 있는 미뢰라는 세포를 자극하고 그 자극이 다시 신경의 작용으로 뇌까지 전달됨으로써 맛을 느낀다.

맛에는 단맛, 신맛, 짠맛, 쓴맛이 있으며 이 밖에 잘 우려낸 국물에서 감칠맛이란 것이 있다. 이러한 맛들은 원래 식품에 포함되어 있던 맛이지만 국물을 우려내는 것에서부터 발전하여 오늘날에는 단독 또는 혼합하여 조미료로 사용하게 되었다.

## 삶을 때 맛을 내는 순서

삶기 요리에서 맛을 내는 순서는 설탕 - 소금 - 식초 - 간장 - 된장이다. 이것은 조미료가 식품 속으로 스며드는 속도와 관계가 있다. 소금은 설탕보다 분자량이 작고 침투하는 속도가 빠르다. 따라서 소금을 먼저 넣으면 식품 안쪽으로 계속 스며들고 조직 속의 물이 밖으로 빠져나와 조직이 단단해지기 때문에 나중에 설탕을 넣더라도 받아들이기 아주 힘들어진다. 설탕에도 식품의 수분을 빠져나가게 하는 작용이 있기는 하지만 소금보다 분자량이 크고 침투속도도 느리기 때문에 금방 효과가 나타나지는 않는다.

결국 침투속도가 느린 설탕을 먼저 첨가하는 것이 맛의 균형을 이룰 수 있는 방법이다. 그러나 설탕은 힘들게 저축해 놓은 미네랄이나 비타민을 축내고 있으므로 꿀을 사용하고 식초 대신 레몬을, 간장과 된장도 첨가물을 넣지 않은 것들을 사용하여 맛을 내도록 한다.

## 단맛의 꿀

설탕은 위장에 좋지 않고 발효의 원인이 되므로 두뇌를 흐리게 하고 까다로운 성질을 만든다. 또한 우리 피 속에 들어있는 백혈구를 죽이고 병에 대한 저항력을 약화시켜 질병에 쉽게 걸리게 하는 원인이 되므로 설탕 대신 단맛이 나는 식품(대추가루, 건포도, 바나나)을 이용하거나 꿀 또는 꿀가루를 사용한다.

꿀은 자연 식품 중 저장성이 가장 뛰어나 긴 역사를 가지고 있다. 오랜 세월 동안 강장식품으로 동 · 서양에서 널리 사용해 왔으며 한방에서는 만능

⑤ 소금을 넣고 계속 저어준다.

⑥ 불을 끄고 안 매운 고춧가루를 넣고 뜨거울 때 버무린다.

⑦ 냉장고에 보관해서 사용한다.

## 천연 초고추장

자연식 고추장 5큰술, 조청 2큰술, 가루간장 1큰술, 다진파, 마늘 2큰술씩, 깨소금 1큰술, 레몬 2큰술

만들기

① 자연식 고추장에 조청을 넣고 살짝 끓인다.

② 식은 후 모든 재료를 다 넣고 섞는다.

## 천연소스

캐슈넛 가루 60g, 꿀 5큰술, 레몬 1/2개, 다진 마늘 1큰술, 소금 1작은술

만들기

① 모든 재료를 섞는다.

② 예쁜 천연색 소스를 만들 때는 위의 모든 재료에 비트물, 시금치물, 치자물 중 1가지를 넣고 믹서에 간다.

노란색 : 치자물 1큰술

분홍색 : 비트물 1큰술

연두색 : 시금치물 1큰술

## 천연 마요네즈

캐슈넛 60g, 양파 25g, 꿀 5큰술, 올리브기름 4큰술, 레몬 1개, 소금 1작은술, 다진마늘 1작은술

만들기

① 레몬을 제외한 모든 재료를 다 섞는다.

② 믹서에 곱게 간다.

③ 레몬을 짜서 넣는다.

## 천연 조미료

### 표고버섯 가루

바싹 마른 표고버섯을 믹서기나 절구에 빻아 보관한다. 표고버섯 가루는 찌개나 조림류에 사용하면 버섯의 강한 맛을 느낄 수 있다.

### 들깨 가루

깨끗이 씻어 말린 들깨를 믹서기에 넣고 곱게 간다. 나물 무침이나 탕류에 첨가하면 아주 훌륭하다.

### 참깨 가루

해독 및 보혈 기능을 하며 나물 무침이나 찌개에 사용되고 쌈장을 만들 때 넣으면 고소하고 담백하다.

### 콩 가루

볶은 콩을 믹서기에 넣어 곱게 간다. 여름철 미숫가루나 콩국수로 만들어 먹으면 좋다. 또한 달래, 냉이, 쑥에 날콩가루를 무쳐 쪄도 별미이다.

### 다시마 가루

두꺼운 자연산 다시마를 구입해 깨끗한 행주로 닦고 햇볕에 말려 빳빳해지면 분쇄기에 간다. 대부분의 화학조미료는 다시마와 버섯에서 추출한 성분을 변화시킨 것이므로 화학조미료와 가장 가까운 맛을 낸다.

### 쑥 가루

봄철에 나는 어린 쑥을 잘 씻어 삶은 후 말려서 분쇄기에 빻은 가루를 부침이나 떡을 만들 때 넣는다.

### 땅콩가루

땅콩을 갈아 나물 무칠 때 사용하거나 조청을 섞어 잼으로 이용한다.

### 캐슈넛 가루와 아몬드 가루

분쇄기에 갈아 병에 담아놓고 국을 끓이거나 나물을 무칠 때 넣는다.

### 이스트후렉(콩가루)

콩을 이용해 만든 천연 조미료로 음식의 맛을 내준다.
주로 된장이나 쌈장 만들 때 이용한다.

### 케롭가루

초콜렛 대신에 사용하는 천연가루로 아이들 영양식 만들 때 주로 사용한다.

### 허브

라벤더, 로즈마리, 캐모마일 등 취향에 맞는 향을 선택하여 조리에 이용한다.

### 치아 씨(Chia Seed)

고대 아즈텍인들이 주식으로 먹던 작은 씨앗으로 거의 모든 영양소를 함유하고 있는 완전식품이다. 자기 몸무게의 10배 이상 물을 흡수하는 성질이 있어 위 속에서 부풀어 올라 포만감을 주기 때문에 적은 양을 섭취해도 공복감이 없으며 활력과 에너지를 제공한다. 오메가 3와 6가 가장 이상적인 비율로 들어있으므로 나물을 무칠 때 또는 샐러드를 무칠 때 한 큰술씩 넣어서 조리를 한다.

## 천연조미료 국물

국, 찌개, 전골류 등을 끓일 때 미리 만들어놓은 천연 조미료 국물을 넣으면 편리하고 맛도 좋다.

### 국물 만들기

① 다시마를 깨끗한 행주로 닦은 후 가로 세로 5cm의 크기로 잘라둔다.
② 표고버섯은 깨끗이 씻은 후 냄비에 물과 함께 다시마와 표고버섯을 넣는다.
③ 완전히 끓인 후 식혀서 냉장고에 보관하고 필요시 사용하면 좋다.

### 다시마와 국물

① 잘 닦은 다시마에 무, 대파, 양파 등을 넣고 25분 정도 끓인다.

② 다시마 국물에 기본재료와 소금을 넣으면 깔끔한 국물 맛을 낼 수 있다.

### 야채국물

재료 : 말린표고 버섯 50g, 무 150g, 다시마 40g, 양파 1/2개, 물 5컵

만들기

① 냄비에 모든 재료를 넣고 약한 불에서 1시간 정도 끓인다.

② 식혀서 냉장고에 보관하고 필요할 때마다 사용한다.

# Part 01

# 태교부터 똑똑한 아이로 만드는 임산부 음식

## 임신 시기별에 따른 태교음식

### 임신 초기 1~3개월

임신 초기의 가장 큰 문제는 입덧이다. 그러나 임신 초기에는 아직 태아도 작고 필요로 하는 에너지도 적어, 이 시기에 입덧으로 인해 잘 먹지 못해도 태아에게 미치는 영향은 별로 없다.

임신 초기에는 차고 신맛이 있는 음식을 먹는 것이 좋고, 먹고 싶은 것을 먹되 너무 많이 먹지 않도록 하며, 구토가 심할 때는 수분 보충을 충분히 해주어야 한다. 또 이때는 태아의 발달에 맞춰 영양소를 균형있게 공급해 주는 것이 무엇보다 중요하다.

아기의 심장이 거의 완성되고 머리, 몸통, 사지의 구분이 뚜렷해지는 때이므로 전체적으로 고른 영양 섭취가 필요하다. 특별히 태아의 뼈와 이는 임신 초기에 기초가 마련되므로 칼슘과 단백질의 섭취를 늘려 나가는 것이 좋다.

기름진 음식이나 당분이 많은 음식을 섭취하면 비만이 되기 쉬우므로 주의해야 한다. 초기에는 입덧으로 인해 입맛을 잃는 경우가 많으므로 새콤한 음식으로 식욕을 돋우도록 한다.

### 임신 중기 4~6개월

입덧도 끝나고 태반도 완성되어 태아의 발육이 왕성해지는 때이다. 생식기가 발달하고, 손톱, 발톱, 머리카락이 생기기 시작한다.

이 시기부터는 임신부가 영양 섭취를 잘 해주어야 태아도 무럭무럭 자랄 수 있다. 태아의 두뇌 발달과 근육을 형성하는 데 가장 많이 쓰이는 양질의 단백질은 임신초기부터 말기까지 꾸준히 필요한 영양소이며, 칼슘도 마찬가지이다.

칼슘이 부족하면 태아의 신체 발달을 저해할 뿐 아니라, 모체 역시 출산 후 골다공증 같은 질병에 시달릴 위험이 높다. 임신중기 이후엔 태아가 모체의 철분을 흡수해 자신의 혈액을 만들기 시작하므로 철분을 충분히 공급해 주어야 한다. 철분이 부족할 경우 임신부는 빈혈을 일으키거나 임신중독증에 걸릴 확률이 높아진다. 또한 칼슘과 철분의 흡수를 돕는 비타민 C, D가 필요하므로 비타민 섭취도 중요하다. 음식을 너무 자극적이거나 짜게 먹는 것은 피하는 것이 좋다. 또한 임신 중에는 커진 자궁이 장을 압박하여 배변에 지장을 주므로 변비가 되기 쉽다.

섬유질이 많이 함유된 샐러리, 양상추, 우엉, 연근, 고구마, 감자, 해초류, 표고버섯 등을 많이 먹으면 좋다. 중기 영양 섭취의 포인트는 단백질과 칼슘, 철분을 충분히 공급할 수 있는 균형 잡힌 음식의 섭취이다. 입덧이 가라앉는 시기이므로 인스턴트식품이나 외식 등을 가급적 피하고, 균형 잡힌 식사 계획을 세워 집에서 직접 만들어 먹는 것이 좋다.

### ● 철분이 많은 식품

두부, 된장 등의 콩류, 시금치, 호박, 당근 등의 녹황색 채소, 미역 등의 해조류에 많이 들어 있다.

### ● 철분의 흡수를 돕는 식품을 함께 먹는다.

임신했을 때 하루 필요한 철분의 양은 20mg이다. 철분이 많이 든 식품과 흡수를 돕는 단백질, 비타민 B와 C, 과일, 채소 등도 같이 골고루 먹는 것이 좋다.

## 임신 말기 7~9개월

임신 말기에는 지나치게 살이 찌지 않도록 지방을 과다 섭취하지 말아야 하며 임신중독증이나 부종에 대비해 염분과 수분을 제한하는 식습관을 갖는 것이 좋다. 말기는 태아의 두뇌 개발에 가장 중요한 시기이므로 양질의 단백질과 비타민 B군이 많이 든 음식을 먹도록 한다. 임신중독증을 예방하기 위해 수분과 염분의 섭취는 최대한 줄이는 것이 좋다. 소금의 나트륨 성분은 몸속에 수분을 고이게 하므로 부종, 단백뇨, 고혈압 등이 나타나 임신중독증을 일으키기 때문이다.

### ● 곡류와 감자

현미, 통밀, 통보리, 귀리 등에는 대개 배아가 그대로 남아 있는데 이 부위에는 각종 무기질과 비타민뿐만 아니라 섬유질도 많이 들어 있다. 따라서 흰쌀밥보다는 잡곡밥을 섭취하도록 하고, 통밀이나 통보리가루를 이용하여 만든 빵 등을 탄수화물 공급원으로 선택하는 것이 좋다. 무기질의 미량원소와 비타민 $B_1$, $B_6$, C, 섬유소 등을 다량 함유하고 있는 감자 역시 임신부를 위한 양질의 식품이다.

**● 야채와 과일**

채소나 과일은 제철에 생산되는 것을 먹는 것이 좋다. 특히 임신부에게 필수적인 카로틴, 비타민 C, 엽산 등과 섬유소의 주요 공급원이다. 비타민 C나 엽산은 수분과 열에 파괴되기 쉬우므로 가능하면 날로 섭취하는 것이 좋으며, 조리를 해야 할 경우에는 적은 수분과 함께 짧은 시간 동안 가열 한다. 지용성 비타민을 다량 함유한 당근이나 피망 등은 갈은 견과류를 넣어 단시간 가열한 후 섭취하여야 체내 이용률을 높인다.

**● 양질의 단백질**

검정콩, 땅콩, 호두, 강낭콩, 두유, 두부

**● 비타민 B복합체**

- 비오틴(Biotin) : 아몬드, 땅콩, 호두, 깨소금
- 폴릭산(Folic acid) : 검정색 쥐눈이 콩, 시금치, 브로콜리, 땅콩, 바나나, 아보카도
- 콜린과 이노시톨(Choline and inositol) : 감귤류, 통밀 빵

COOK

1

# 임신초기의 음식

## 임신초기(1~3개월)에는 단백질과 칼슘의 섭취량을 늘린다.

아직까지는 태아가 스스로 영양분을 조달할 수 있는 시기이므로 많은 에너지를 필요로 하지 않는다. 그러나 머리, 몸통, 팔, 다리의 구분이 뚜렷해지고 심장도 거의 완성되어 혈액순환이 시작되므로 전체적으로 고른 영양섭취가 필요하다. 이 시기에는 음식의 양을 늘리기보다는 양질의 단백질과 칼슘이 풍부한 음식을 섭취하여 태아의 성장에 도움이 되도록 한다.

# 녹두전

001
두뇌를 좋게하는 음식

## 재료 준비 Source

녹두 1컵, 물 1컵, 숙주나물 100g, 쑥갓 2잎, 붉은고추 2개, 소금 1/2작은술, 포도씨유 2작은술

## 만드는 법 Recipe

1 통 녹두를 8시간 정도 불린다. 2 3배로 불은 통 녹두에 분량의 물을 넣고 곱게 간다. 3 갈린 녹두에 숙주나물, 소금을 넣고 반죽을 한다. 4 달구어진 팬에 포도씨유를 살짝 바른다. 5 반죽된 것을 한수저씩 팬 위에 떠 넣으며 붉은 고추와 쑥갓으로 장식해서 익힌다.

임신초기의 음식

# 고춧잎 무침

002
두뇌를 좋게하는 음식

## 재료 준비 Source

고춧잎 200g, 무말랭이 50g, 파 2뿌리, 깨소금 1큰술, 참기름 1작은술, 안 매운 고춧가루 1작은술, 가루 간장 1작은술, 소금 1작은술

## 만드는 법 Recipe

1 고춧잎을 깨끗이 다듬어 씻는다. 2 끓는 물에 소금을 약간 넣고 고춧잎을 데쳐낸다. 3 무말랭이는 미지근한 물에 30분 정도 담갔다가 꺼낸다. 4 파는 씻어서 뿌리를 제거하고 길게 썰어 놓는다. 5 고춧잎 나물에 무말랭이, 파, 깨소금, 참기름, 고춧가루, 가루간장을 넣고 무친다.

임신초기의 음식

# 미나리 강회

003
두뇌를 좋게하는 음식

밀고기 만드는법

글루텐가루 1/2컵 양파1/4개 호두 3개 간장가루 2작은술

1 양파와 호두는 믹서에 간다.
2 글루텐가루에다 갈은 양파, 호두, 간장가루를 넣고 버무린다.
3 찜 솥에 찌거나 팬에 익힌다.

## 재료 준비 Source

미나리 70g, 밀고기50g, 붉은 피망 1/2개, 유정란 1개
초고추장 : 레몬 3~4 방울, 꿀 1작은술, 고추장 1큰술, 파, 마늘 약간씩

## 만드는 법 Recipe

1 미나리는 다듬어 줄기부분만 끓는 물에 소금을 넣어 데친 후 찬물에 헹구어 물기를 꼭 짠다. 2 밀고기는 폭 2㎝ 길이 5㎝ 두께 0.3㎝로 썬다. 3 유정란은 흰자와 노른자로 분류해서 지단을 부친다. 4 흰자는 폭 1.5cm 길이 4cm 로 자른다 5 노른자는 폭 1cm 길이 3.5cm로 자른다. 6 붉은 피망은 폭 0.3㎝ 길이 3cm로 썬다. 7 밀고기 위에 ②, ④, ⑤, ⑥번을 순서대로 올리고 미나리로 만다. 8 초고추장을 곁들여 낸다.

# 올리브빵

## 재료 준비 Source

밀가루 2 1/4컵, 오트밀 1/2컵, 불랙올리브 1/2컵, 물 1 1/4컵, 드라이이스트 1작은술, 포도씨유 3큰술, 소금 1작은술

## 만드는 법 Recipe

1 분량의 모든 재료를 섞어 반죽을 한다. 2 매끄럽고 탄력있는 상태가 될 때까지 5분 정도 치댄다. 3 볼에 넣고 랩을 씌워 따뜻한 곳에서 35분간 발효시킨다.(이때 따뜻한 물을 넣은 넓은 그릇에 볼을 올려놓고 발효시키면 좋다) 4 반죽이 2배 정도로 부풀어 오르면 공기를 빼고 10분간 휴지 시킨다. 5 반죽이 2배로 부풀어 오르면 오븐기 230˚C(450˚F)로 예열한 뒤 30분간 굽는다.

# 냉이무침

005
두뇌를 좋게하는 음식

## 재료 준비 Source

냉이 200g, 콩가루 1/2컵, 아마씨 1큰술, 소금 1작은술

## 만드는 법 Recipe

1 냉이는 잎이 연하고 뿌리에 잔털이 없는 것을 고른다. 2 지저분한 것을 떼어내고 물에 깨끗이 씻어 체에 바친다. 3 냉이에 콩가루, 아마씨, 소금을 넣고 버무린다. 4 찜 솥에 버무려진 냉이를 넣고 10분간 찐다.

임신초기의 음식

# 두부버섯전골

006
두뇌를 좋게하는 음식

## 재료 준비 Source

두부 1/4모, 느타리 · 팽이 · 표고버섯 각100g씩, 미나리 · 당근 100g씩, 브로콜리 50g, 은행 10알, 들깨가루 1큰술, 물 4컵, 소금 1큰술, 어슷썰어놓은 파 1/2뿌리, 다진마늘 1/2큰술

## 만드는 법 Recipe

1 느타리, 팽이, 표고버섯은 깨끗이 씻은 후 먹기 좋은 크기로 자른다. 2 두부와 당근은 가로 1.5㎝ 세로 5㎝인 직사각형으로 썬다. 3 미나리는 한 가닥씩 깨끗이 씻은 후 5㎝로 자른다. 4 브로콜리는 뜨거운 물에 담갔다 꺼내고 흐르는 물에 씻어낸 후 먹기좋은 크기로 자른다. 5 은행은 겉껍질을 벗긴 후 달구어진 후라이팬에 굴려 속껍질을 벗긴다. 6 전골냄비에 위의 모든 재료들과 함께 들깨가루를 넣고 끓인다. 7 파, 마늘, 소금을 넣어 간을 한다.

임신초기의 음식

# 검은콩 조림

007
두뇌를 좋게하는 음식

## 재료 준비 Source

검은콩 1컵, 물 1/2컵, 물엿 1큰술, 생강즙 1작은술, 가루간장 2작은술, 통깨 1작은술

## 만드는 법 Recipe

1 검은콩은 분가루가 많이 묻은 것을 골라 깨끗이 씻는다. 2 물에 1시간 정도 담가 두고 불린다. 3 냄비에 콩물이 우러난 물과 콩을 넣고 10분간 조린다. 4 조린 콩에 가루간장, 물엿, 생강즙을 넣고 5분간 조린 후 접시에 담아낸다. 5 콩 조림위에 통깨를 뿌린다.

# 흑임자죽

## 재료 준비 Source

검정깨 1/2컵, 현미쌀 1/2컵, 물 1컵, 소금 1/2은술

## 만드는 법 Recipe

1 검정깨를 깨끗이 씻어서 체에 바쳐둔다. 2 현미쌀을 불린다. 3 불린 현미쌀을 체에 바쳐 물기를 뺀다. 4 믹서에 검정깨와 쌀을 넣고 곱게 간다. 5 냄비에 갈아놓은 쌀과 검정깨를 넣고 중불에서 끓인다. 6 소금으로 간을 한다.

# 쑥 국

## 재료 준비 Source

어린쑥 200g, 물 5컵, 콩가루 1/2컵, 캐슈넛 1큰술, 다진마늘 1작은술, 소금 1큰술

## 만드는 법 Recipe

1 쑥은 다듬어서 콩가루, 캐슈넛 가루, 소금을 넣고 버무린다. 2 냄비에 버무린 쑥과 물 1큰술을 넣고 살짝 볶는다. 3 물 5컵을 붓고 끓이다 마늘을 넣는다.

# 검은깨 강정

010
두뇌를 좋게하는 음식

## 재료 준비 Source

검은깨 1컵 반, 물엿 2큰술, 잣 약간

## 만드는 법 Recipe

1 검정깨를 깨끗이 씻은 후에 말린다. 2 후라이팬에 넣고 볶다가 손으로 비벼서 부서지기 시작하면 불을 끈다. 3 냄비에 물엿을 넣고 끓이다가 검정깨를 넣고 섞는다. 4 뜨거울 때 도마에 놓고 기름바른 밀대로 편편하게 편다. 5 마름모꼴로 자른다. 6 가운데에 물엿을 발라 잣을 붙인다.

# 파래무침

011
두뇌를 좋게하는 음식

## 재료 준비 Source

파래 100g, 무우 50g, 레몬 · 꿀 각 1작은술씩, 소금 1/3작은술

## 만드는 법 Recipe

1 파래를 소금물로 깨끗이 여러번 씻는다. 2 마지막 씻는 물은 정수된 물로 씻어 꼭 짠다. 3 무는 곱게 채 썰어 놓는다. 4 파래에 레몬, 꿀, 소금, 무채를 넣고 무친다.

# 미역국

012
두뇌를 좋게하는 음식

## 재료 준비 Source

미역 80g, 들깨 1/2컵, 물 2컵, 소금 1/2작은술, 다진마늘 1큰술

## 만드는 법 Recipe

1 미역을 물에 불린다. 2 들깨는 돌이 없게 여러 번 씻은 후 물을 약간 넣고 분쇄기에 간다. 3 냄비에 씻은 미역과 갈은 들깨에 물 4큰술을 넣고 5분간 볶는다. 4 물을 충분히 붓고 15분간 끓이다가 소금으로 간을 하고 다진 마늘을 넣는다.

COOK

2

# 임신중기의 음식

## 임신중기(4~6개월) 에는 철분공급에 신경을 쓴다.

임신 4개월로 접어들면서 태아와 모체는 비교적 안정된 상태가 된다. 모체는 입덧이 끝나고 식욕이 왕성해지며 태아는 태반이 완성되므로 유산의 위험성이 적어진다. 태아의 몸은 점점 왕성한 발육을 시작하여 생식기가 발달하고 손톱, 발톱, 머리카락이 생기기 시작한다. 이 시기부터는 태아가 무럭무럭 자랄 수 있도록 충분한 영양 공급을 해 주어야 한다. 중기의 영양섭취는 단백질과 칼슘, 철분을 충분히 공급할 수 있는 균형잡힌 음식을 섭취 한다. 빈혈이 생기기 쉬운 시기이므로 철분의 공급에 특별히 주의를 기울여 식단을 준비하도록 한다.

임신중기의 음식

# 무말랭이 무침

001
두뇌를 좋게하는 음식

## 재료 준비 Source

무 100g, 풋고춧잎 100g, 고추장 1큰술, 물엿 2큰술, 다진마늘 1/2큰술, 통깨 1큰술, 물2컵, 소금1/2작은술

## 만드는 법 Recipe

1 무는 도톰하게 동글 썰어 굵게 채 썬 다음 채반에 널거나 실에 꿰어 바람이 잘 통하고 햇볕이 좋은 곳에 말린다. 2 풋고춧잎은 흐르는 물에 씻어 끓는 물에 살짝 데친 후 찬물에 헹군 다음 물기를 짜서 채반에 말린다. 3 말려놓은 무말랭이와 풋고춧잎은 찬물에 불렸다가 물기를 짠다. 4 물엿과 분량의 양념재료와 무말랭이, 풋고춧잎을 넣고 5분간 조린다.

임신중기의 음식

# 물 다시마

002
두뇌를 좋게하는 음식

## 재료 준비 Source

물 다시마 100g
초고추장 재료 : 자연식 고추장 1큰술, 레몬 1/4개, 꿀 1작은술

## 만드는 법 Recipe

1 다시마는 뜨거운 물에 데쳐낸다. 2 가로 1㎝, 세로 10㎝로 자른다. 3 자른 다시마를 한번 묶어 접시에 담는다. 4 고추장, 레몬, 꿀을 넣어 섞는다. 5 다시마 담긴 접시가운데 ④번을 종지에 담아 올린다.

# 밤·대추경단

## 재료 준비 Source

밤 3개, 대추 5개, 현미찹쌀 1컵, 소금 1/2작은술

## 만드는 법 Recipe

1 현미찹쌀은 하루저녁 불린 후 믹서기에 갈아놓는다. 2 밤은 채 썰어놓는다. 3 대추도 씨를 빼내고 채 썬다. 4 갈은 현미찹쌀에 소금을 넣고 동그랗게 만든다. 5 끓는 물에 ④번을 넣는다. 6 경단이 동동 떠오르면 찬물에 헹군다. 7 경단에 채썬 밤과 대추를 굴린다.

임신중기의 음식

# 부추전

004

두뇌를 좋게하는 음식

## 재료 준비 Source

통밀가루 1컵, 물 1컵반, 부추 100g, 소금 1작은술, 카놀라유 1/2작은술

## 만드는 법 Recipe

1 통밀가루에 분량의 물과 소금을 넣는다. 2 부추는 먹기 좋은 크기로 썬다. 3 ①번과 ②번을 섞는다. 4 팬에 카놀라유를 살짝 바른 뒤 국자로 떠 넣어 부친다. 5 식으면 마름모꼴로 썬다.

# 야채스프

## 재료 준비 Source

감자 100g, 양파 1/4개, 당근 50g, 시금치 30g, 대파 10g, 마늘1쪽, 통밀가루 1큰술, 물 5컵

## 만드는 법 Recipe

1 감자, 양파, 당근은 가로, 세로 1㎝씩 깍둑썰기로 썬다. 2 시금치는 깨끗이 씻은 후 2㎝로 자른다. 3 파, 마늘은 다져놓는다. 4 냄비에 통밀가루만 넣고 5분간 약한 불에 볶는다. 5 썰어놓은 감자, 양파, 당근, 시금치에 분량의 물을 넣고 5분간 끓인다. 6 다진파와 마늘을 넣고 소금으로 간을 맞춘다.

# 자두

006
두뇌를 좋게하는 음식

## 재료 준비 Source

키위 2개, 중간크기의 딸기 10개, 자두 100g

## 만드는 법 Recipe

1 키위는 껍질을 깐 후 두께 0.5cm 반달썰기로 썬다. 2 딸기도 두께 0.5cm로 썬다. 3 자두는 밀가루를 풀어 씻고 흐르는 물에 한번 더 씻어 놓는다. 4 접시 가장자리에 딸기를 동그렇게 한 줄 놓는다. 5 딸기 안쪽에 반달모양의 키위를 놓는다. 6 접시 가운데에 자두를 담는다.

# 잣죽

## 재료 준비 Source

잣 1컵, 현미밥 1공기, 물 3컵, 소금 2작은술

## 만드는 법 Recipe

1 잣과 현미밥에 물 3컵을 붓고 믹서기에 너무 곱지 않게 간다. 2 냄비에 붓고 한소끔 끓인다. 3 소금을 넣는다. 4 그릇에 담아낸다.

# 구운 옥수수

008
두뇌를 좋게하는 음식

## 재료 준비 Source

옥수수 3자루

## 만드는 법 Recipe

1 옥수수의 마지막 껍질은 벗기지 않고 잘 손질한다. 2 달궈진 오븐기 204°C(400°F)로 20분간 굽는다. 3 마지막 껍질을 벗긴 후 접시에 담는다.

# 쥐눈이콩 두유

009
두뇌를 좋게하는 음식

## 재료 준비 Source

불린 쥐눈이콩 1/2컵, 호두 3개, 소금 1/3작은술, 물 1컵

## 만드는 법 Recipe

1 불린 쥐눈이콩은 씻어서 푹 삶는다. 2 호두는 겉껍질을 벗겨 놓는다. 3 콩과 호두, 물을 믹서에 넣어 간다. 4 소금으로 간을 한다.

임신중기의 음식

# 콩비지 찌개

010
두뇌를 좋게하는 음식

**콩고기**
동물성 고기에 들어있는 여러 가지 단점을 없애고 고기맛을 즐길 수 있게 만들어진 것으로 콩에서 단백질을 추출하여 만든 순 식물성 제품이다. 고기 대용식으로 개발한 것이다.

## 재료 준비 Source

메주콩 1컵반, 물 3컵반, 콩고기 100g, 배추잎(또는 배추 김치) 4장, 다진 파 1큰술, 소금 1작은술

양념장 만드는 법

가루간장 2큰술, 다진 파 1큰술, 다진 마늘 1/2큰술, 고춧가루 1/2큰술, 참기름 1/2작은술, 깨소금 1/2큰술

## 만드는 법 Recipe

1 깨끗이 씻은 콩을 물에 담가 하룻밤 정도 불려서 손으로 비벼 껍질을 벗긴다. 2 믹서에 넣고 물을 조금씩 부어 가며 되직하게 갈아 콩비지를 만든다. 3 콩고기는 한 입 크기로 얄팍하게 납작 썰기로 썰어놓는다. 4 배춧잎은 끓는 물에 데쳐서 잘게 썬다. 5 콩고기와 배춧잎에 콩비지를 넣고 서서히 끓인다. 6 끓어오르면 소금으로 간을 맞추어 한소끔 더 끓이고 다진파를 넣는다. 7 먹을 때 양념장을 뿌린다.

# 피스타치오

011
두뇌를 좋게하는 음식

## 재료 준비 Source

피스타치오 1컵, 소금 1/3작은술, 올리브유 약간

## 만드는 법 Recipe

1 피스타치오를 후라이팬에 넣고 중간불로 1분간 볶는다. 2 분무기에 올리브유를 담은 후 피스타치오 위에 뿌린다. 3 소금을 살살 뿌린다.

COOK

3

# 임신말기의 음식

## 임신 말기(7~9개월)에는 염분을 제한하고 단백질과 비타민 공급에 신경을 쓴다.

임신의 마지막 3개월은 몸 속 태아가 커짐으로 인해 임신부가 매우 힘들어지는 시기이다. 대뇌 생리학자들에 의하면 이 시기로부터 출생 6개월까지의 기간동안 태아의 두뇌가 가장 많이 발달한다고 한다. 가장 왕성한 세포 발달을 이루는 시기이므로 균형잡힌 식단을 통해 영양을 골고루 섭취해 주어야 한다. 두뇌 발육을 돕는 양질의 단백질을 많이 섭취하는 것이 좋으며 또한 단백질의 작용을 돕는 비타민 B군이 많이 든 음식을 함께 먹도록 한다. 임신중독증은 임신 7~8개월 무렵부터 나타나는 현상으로 임신 중 가장 무서운 질병중 하나이다. 임신 중기부터 말기 사이에는 임신중독증에 대비하는 음식의 선택이 중요하다. 염분의 섭취를 줄이고 단백질, 식물성지방, 칼슘등을 많이 먹는 것이 좋다.

임신 말기의 음식

# 과일샐러드

001
두뇌를 좋게하는 음식

## 재료 준비 Source

사과 1개, 배 1개, 체리 1/2컵, 땅콩 1/2컵, 바나나 3개

## 만드는 법 Recipe

1 사과와 배는 정사각형으로 썬다. 2 땅콩은 반으로 자른다. 3 볼에 바나나를 넣고 으깬다. 4 사과, 배, 체리, 땅콩에 갈아놓은 바나나를 넣고 버무린다.

임신 말기의 음식

# 구운감자

002
두뇌를 좋게하는 음식

## 재료 준비 Source

감자 작은 것 4개, 소금 2작은술

## 만드는 법 Recipe

1 감자에 열십자로 칼집을 낸다. 2 칼집 낸 부위에 소금을 뿌린다. 3 예열된 오븐기 204˚C (400˚F)에 30분간 구워낸다.

# 단호박 구이

003
두뇌를 좋게하는 음식

## 재료 준비 Source

단호박 1/4개, 꿀가루 2작은술, 소금 1/2작은술

## 만드는 법 Recipe

1 잘 익은 단호박을 깨끗이 씻어 8쪽으로 나누어 씨를 뺀다. 2 예열된 오븐기에 204°C(400°F) 15분간 굽는다. 3 익은 단호박 위에 꿀가루와 소금을 뿌린다.

# 햄버거

## 재료 준비 Source

통밀햄버거빵 4개, 두부 1/4모, 당근 중간크기 1/2개, 둥근파 1/2뿌리, 표고버섯 3개, 글루텐가루 1/2컵, 보리쌀 1/2컵, 시금치 50g, 브로콜리 50g, 양상추 4장, 토마토 1개, 가루간장 1큰술

## 만드는 법 Recipe

1 끓는 물에 두부를 데쳐낸 후 으깬다. 2 당근, 표고버섯, 시금치, 브로콜리, 파는 손질 한 후 곱게 다진다. 3 보리쌀은 삶은 후 방아로 굵게 빻아둔다. 4 글루텐가루에 ①, ②, ③번과 가루간장을 넣고 섞는다. 5 둥글넓적하게 만든다. 6 찜솥에 물을 1컵 붓고 찜기 위에 베보자기를 깔아 놓는다. 7 베보자기 위에 ⑤번을 넣고 20분 동안 찐다. 8 토마토는 둥글썰기로 썰어 놓는다. 9 햄버거 빵 위에 ⑦번을 넣고 양상추와 토마토를 넣는다.

# 미역냉국

005
두뇌를 좋게하는 음식

## 재료 준비 Source

미역 100g, 오이 1/2개, 생수 2컵, 레몬 1작은술, 소금 1작은술, 꿀 1작은술, 붉은 피망

## 만드는 법 Recipe

1 물에 불린 미역은 뜨거운 물에 데쳐낸 다음 한입 크기로 썬다. 2 오이는 소금으로 씻은 후 흐르는 물에 여러번 씻고 채 썬다. 3 생수에 미역과 오이를 넣고 소금, 레몬, 꿀을 넣는다. 4 다진 붉은 피망을 고명으로 띄운다.

# 식빵말이

006
두뇌를 좋게하는 음식

## 재료 준비 Source

통밀식빵 4장, 당근 1/4개, 오이 1/4개, 글루텐가루 1/2컵, 양파 1/2개, 땅콩 1/4컵, 들기름 1작은술

## 만드는 법 Recipe

1 글루텐가루에 양파와 땅콩을 갈아넣고 소금으로 양념하여 찜솥에 쪄낸다. 2 가로 1㎝ 세로는 식빵 길이에 맞춰서 자른다. 3 당근은 채 썰어 들기름에 살짝 볶고 소금으로 간을 해 둔다. 4 오이는 가로 1㎝, 세로는 식빵 길이에 맞춰서 자른다. 5 자른 오이는 소금에 살짝 절인 뒤 물기를 짜낸다. 6 식빵 위에 당근, 밀고기, 오이를 넣고 김밥 싸듯이 싼다. 7 달구어진 후라이팬에 한번씩 굴려낸다. 8 식빵은 2㎝ 정도로 잘라 접시에 담는다.

임신 말기의 음식

# 씨리얼과 두유

007
두뇌를 좋게하는 음식

## 재료 준비 Source

두유 1컵, 튀긴 율무, 튀긴 현미 1/2컵, 튀긴 수수 1/2컵, 해바라기씨 1큰술, 호박씨 1큰술, 건포도 1/2큰술

## 만드는 법 Recipe

1 고칼슘 두유를 준비한다. 2 수수와 율무, 현미는 튀기거나 튀겨진 것을 준비해 놓는다. 3 넓은 그릇에 ②번과 호박씨, 해바라기씨, 건포도를 넣는다. 4 ③번 위에 고칼슘 두유를 붓는다.

임신 말기의 음식

# 연근 조림

008
두뇌를 좋게하는 음식

## 재료 준비 Source

연근 200g, 검은깨 가루 1/3컵, 가루간장 1큰술, 물엿 1큰술

## 만드는 법 Recipe

1 연근 껍질을 벗긴다. 2 연근을 0.5㎝ 두께로 썬다. 3 쌀 씻어낸 뽀얀물로 연근을 반쯤 조린다. 4 가루간장을 넣고 완전히 익힌다. 5 윤기가 나도록 물엿을 넣고 조린다. 6 검정깨 가루에 넣어 버무린다.

임신 말기의 음식

# 연배추 된장국

009
두뇌를 좋게하는 음식

## 재료 준비 Source

연배추 200g, 안매운 풋고추 2개, 안매운 붉은고추 1개, 다진마늘 1/2큰술, 대파 1개, 가루간장 1 1/2큰술, 이스트후렉(콩가루) 1 1/2큰술

## 만드는 법 Recipe

1 연배추를 다듬어 씻은 후 4㎝길이로 썬다. 2 연배추에 다진마늘, 이스트후렉, 가루간장을 넣고 버무린다. 3 물 3컵을 붓고 끓인다. 4 끓으면 썰어놓은 고추와 파, 마늘을 넣는다.

# 파슬리 주스

## 재료 준비 Source

파슬리 200g, 꿀 1작은술

## 만드는 법 Recipe

1 파슬리를 깨끗이 씻는다.
2 정수된 물에 마지막 헹궈 낸다.
3 즙기에 넣어 짠다.
4 꿀을 넣고 섞어서 컵에 담아낸다.

# 표고버섯구이

011
두뇌를 좋게하는 음식

## 재료 준비 Source

표고버섯 8개, 양파 1/4개, 당근 1/4개, 부추 20g, 두부 30g, 캐슈넛가루 1큰술, 들기름 2큰술, 소금 1작은술

## 만드는 법 Recipe

1 마른 표고버섯은 불렸다가 기둥을 잘라내고 포를 떠놓는다. 2 포 떠놓은 표고는 열십자로 살짝 칼집을 내고 소금으로 간을 하여 약간 재워둔다. 3 잘라낸 나머지 표고버섯은 잘게 다진다. 4 양파, 당근, 부추는 손질 한 후 잘게 다진다. 5 두부는 으깬다. 6 다진 표고, 양파, 당근, 부추, 두부에 소금, 캐슈넛 가루를 넣고 버무린다. 7 ②번 안쪽에 ⑥번을 넣고 들기름을 조금 두른 후라이 팬에 넣어 익힌다.

# Part 02

# 두뇌를 좋게하는 영아기의 음식

영아란 생후 12개월까지의 어린 아기를 말한다. 이 시기에는 성장이 급속하게 일어나기 때문에 적절한 영양의 공급이 매우 중요하다.

### 충분한 열량과 단백질, 철분의 섭취에 주의한다.

막 태어나서 이유를 시작하기 전까지는 모유든 분유든 또는 유즙이 아기가 먹는 음식의 전부이기 때문에 달리 신경쓸 일이 없지만 이유가 시작되는 6개월경부터는 영양공급에 각별히 신경을 써야 한다. 영아의 경우 분만시 6개월 분의 철분을 간에 저장하고 태어나기 때문에 6개월까지는 음식을 통한 공급이 반드시 필요한 것은 아니다. 그러나 6개월 이후에는 이유식으로 철분을 공급해 주어야만 한다. 이유가 늦어지는 경우에는 성장에 지장을 초래하거나 영아 빈혈이 올 수도 있으므로 세심한 주의가 필요하다.

### 생후 몇개월부터 이유식을 시작해야 하는가

일반적인 정보만을 근거로 준비도 되어 있지 않은 아기에게 젖떼기를 강요해선 안된다. 젖떼기를 언제부터 시작해야 하는가에 대해 필요 이상으로 걱정하는 부모들이 있는데 아기에 따라 개인차가 있다는 점을 염두에 두어야 하며 엄마에게도 개인차가 있을 수 있다. 일정한 표준에 꼭 맞는 아기들은 없으며, 아기마다 각자 다양한 욕구를 갖고 있기 때문에 이유식에 대한 분명한 기준을 적용할 수는 없다.

가장 분명한 기준은 아기가 스스로 먹을 때까지 기다리는 것이다. 이유식을 시작하는 적절한 시기는 아기의 준비 여부에 따라 4개월에서 6개월 사이가 적당하며 6개월부터는 이유식에 의한 영양 보충을 시작하는 것이 바람직하다. 생후 1년 무렵이면 모유에 단백질이 부족하고 철분, 구리, 아연, 포타슘(칼륨) 등의 필수 영양소 함량이 줄어들게 되므로 고형식 섭취를 통해 영양분을 보충해야 한다.

### 이유식은 왜 필요한가

모유는 아기에게 이상적인 영양을 제공하지만 아기가 성장함에 따라 모유만으로는 영양이 모자라게 된다. 특히 비타민이나 칼슘, 철분 같은 영양소들은 5~6개월쯤부터 부족해지기 시작한다.

1

# 이유 준비기의 음식 (4~5개월)

**최초 이유식을** (유동식(流動食) : 씹지 않고 삼킬 수 있는 음식) 공급하며 처음에는 1스푼으로 시작하여 1일 30ml~50ml정도가 될 때까지 하면 된다. 이렇게 해서 잘 받아 마시고 양도 증가하게 되면 농도를 높이고 분량을 증가시킨다.

이유 준비기(4~5개월)

# 감자미음

001
두뇌를 좋게하는 음식

## 재료 준비 Source

감자 30g

## 만드는 법 Recipe

1 감자는 깨끗이 씻어 김이 오르는 찜통에 넣고 익힌 뒤 껍질을 벗긴다. 2 찐 감자는 체에 놓고 으깨어 내린다. 3 감자의 10배 물을 붓고 푹 끓인다.

# 귤즙

002
두뇌를 좋게하는 음식

## 재료 준비 Source

귤 1개

## 만드는 법 Recipe

1 귤을 씻은 후 반 자른다. 2 레몬짜는 즙기에 돌려가며 짠다. 3 레몬즙기에 갈아진 귤은 거즈에 싸서 짠다.

이유 준비기(4~5개월)

# 당근주스

003
두뇌를 좋게하는 음식

## 재료 준비 Source

당근 작은 것 1/3개, 물 1컵

## 만드는 법 Recipe

1 믹서에 당근과 물 1컵을 붓고 간다. 2 갈은 당근은 냄비에 부어 푹 익힌다. 3 거즈에 바쳐 걸러낸 즙만 컵에 담는다.

# 바나나즙

004
두뇌를 좋게하는 음식

## 재료 준비 Source

바나나 1/2개, 현미가루 1작은술, 물 약간

## 만드는 법 Recipe

1 노랗게 잘 익은 바나나의 껍질을 벗겨 놓는다. 2 체에 바쳐 숟가락으로 짓이겨 즙을 낸다. 3 현미가루에 물을 붓고 끓이다가 으깬 바나나를 넣는다. 4 거즈에 바쳐 걸러내 주루룩 흐르도록 묽게 만든다.

# 배즙

## 재료 준비 Source

배 1개

## 만드는 법 Recipe

1 껍질을 벗겨 씨를 빼고 강판에 간다. 2 간 것을 거즈에 싸서 짠 뒤 젖병에 넣어 먹이거나 수저로 떠서 먹인다.

이유 준비기(4~5개월)

# 복숭아즙

006
두뇌를 좋게하는 음식

## 재료 준비 Source

복숭아 1개

## 만드는 법 Recipe

1 복숭아는 잔털을 깨끗이 씻은 후 껍질을 벗긴다. 2 강판에 간다. 3 거즈에 싸서 짜낸다.

이유 준비기(4~5개월)

# 사과즙

007
두뇌를 좋게하는 음식

## 재료 준비 Source

사과1/2개

## 만드는 법 Recipe

1 사과를 밀가루 풀은 물로 닦고 흐르는 물에 여러 번 씻는다. 2 껍질을 깍지 않고 강판에 간다.
3 거즈에 싸서 짠 후 즙만 먹인다.

이유 준비기(4~5개월)

# 양배추와 무즙

008
두뇌를 좋게하는 음식

## 재료 준비 Source

양배추 1잎, 무 20g, 물 5컵

## 만드는 법 Recipe

1 양배추와 무는 손질해서 잘게 썬다. 2 물을 넉넉히 부어 푹 끓인다. 3 식혀서 고운체에 걸러 즙만 받는다.

이유 준비기(4~5개월)

# 오렌지즙

009
두뇌를 좋게하는 음식

## 재료 준비 Source

오렌지 1/2개

## 만드는 법 Recipe

1 흐르는 물에 껍질을 말끔히 씻은 다음 겉껍질과 속껍질을 벗긴다. 2 오렌지를 가로로 반 자른다. 3 레몬 짜는 강판에 반개의 오렌지를 놓고 돌려서 짠다. 4 짜진 오렌지는 체에 걸러낸다.

# 오이즙

## 재료 준비 Source

오이 1/2개

## 만드는 법 Recipe

1 무공해 오이를 구하여 소금으로 문질러 씻는다. 2 강판에 간다. 3 거즈에 바쳐 즙만 받는다.

이유 준비기(4~5개월)

# 토마토즙

011
두뇌를 좋게하는 음식

## 재료 준비 Source

토마토 1/2개

## 만드는 법 Recipe

1 토마토는 씻어서 끓는 물에 살짝 담갔다가 껍질을 벗긴다. 2 껍질 벗긴 토마토는 믹서기에 곱게 간다. 3 체에 바쳐 낸다.

COOK

2

# 이유 전기의 음식 (6~7개월)

반유동식 형태로 1일 1회 오전 10시경 공복상태로 먹이고, 수유는 평상시와 같이 한다. 이유식은 보통 오전 10시경에 먹이는 일이 많은데 이것은 편의에 따라, 가사 사정이나 유아의 식욕에 따라 달리 정해도 된다. 본격적인 이유 시작의 시기로 설사, 구토, 알레르기 등의 문제가 생길 수 있으나 이유식의 농도를 조절하면 호전된다.

이유 전기의 음식(6~7개월)

# 감자스프

001
두뇌를 좋게하는 음식

## 재료 준비 Source

감자 중간크기 1/2개, 양파 20g, 물 1/2컵

## 만드는 법 Recipe

1 감자는 씻어 껍질을 벗기고 다진다. 2 양파도 곱게 다진다. 3 냄비에 물을 붓고 감자, 양파를 넣고 약한 불에 끓인다. 4 으깨서 체에 거른다.

# 단호박죽

002
두뇌를 좋게하는 음식

## 재료 준비 Source

단호박 50g, 현미가루 2작은술, 물 1컵 반

## 만드는 법 Recipe

1 손질한 단호박에 물 1컵 반을 부어 믹서에 간다. 2 갈은 단호박에 분량의 현미가루를 넣어 골고루 섞는다. 3 약한 불에서 저어가며 은근히 끓인다.

# 키위즙

## 재료 준비 Source

키위 1개, 현미 1작은술

## 만드는 법 Recipe

1 흐르는 물에 키위를 깨끗이 씻는다. 2 껍질을 벗긴다. 3 강판에 간다. 4 현미에 물을 붓고 끓이다가 갈은 키위를 넣고 한번 더 끓인다.

# 당근미음

004
두뇌를 좋게하는 음식

## 재료 준비 Source

당근 작은 것 1개, 갈아놓은 호두 1큰술

## 만드는 법 Recipe

1 당근은 껍질을 벗긴 후 강판에 곱게 간다. 2 갈아놓은 당근과 호두가루에 8배의 물을 붓고 약한 불에서 끓여낸다. 3 수분이 많으므로 똑똑 떨어지도록 만든다.

# 들깨죽

## 재료 준비 Source

현미멥쌀 2큰술, 들깨 1작은술, 물1 1/2컵

## 만드는 법 Recipe

1 현미멥쌀을 불린다. 2 들깨도 깨끗이 씻어둔다. 3 믹서기에 현미 멥쌀과 물 반컵을 넣고 간다. 4 들깨도 반컵의 물을 넣고 믹서기에 갈은 다음 고운 체에 바친다. 5 갈은 쌀과 바쳐낸 들깨 물에 물 한컵을 넣고 끓인다.

이유 전기의 음식(6~7개월)

# 완두스프

006
두뇌를 좋게하는 음식

## 재료 준비 Source

완두 1큰술, 현미밥 1큰술, 물 1/4컵

## 만드는 법 Recipe

1 완두는 무르도록 푹 삶는다. 2 믹서기에 밥과 삶은 완두, 물을 넣고 곱게 간다. 3 냄비에 ②번을 넣고 한소끔 끓인 후 그릇에 담는다.

# 좁쌀미음

007
두뇌를 좋게하는 음식

## 재료 준비 Source

좁쌀 3큰술, 대추 1개, 물 3컵

## 만드는 법 Recipe

1 좁쌀은 깨끗이 씻어 일어서 건진다. 2 대추도 물에 담갔다가 깨끗이 씻는다. 3 좁쌀과 대추는 물 3컵을 부어 약한 불에서 2시간정도 익힌다. 4 국물이 걸쭉해지면 고운 체에 바쳐서 그릇에 담는다.

# 현미멥쌀 미음

008
두뇌를 좋게하는 음식

## 재료 준비 Source

현미멥쌀 3큰술

## 만드는 법 Recipe

1 쌀을 씻어 충분히 불린다. 2 믹서기에 2배의 물을 넣고 간다. 3 갈은 쌀에 8배정도의 물을 넣고 약한 불에서 끓인다. 4 입에 넣었을 때 그대로 녹는 느낌이 나면 그릇에 담는다.

이유 전기의 음식(6~7개월)

# 현미식빵죽

009
두뇌를 좋게하는 음식

## 재료 준비 Source

현미식빵 1/2쪽, 두유 1컵

## 만드는 법 Recipe

1 식빵은 사방 0.5㎝로 썬다. 2 냄비에 두유를 넣고 5분 정도 끓인다. 3 끓고 있는 두유에 식빵을 넣는다. 4 식빵을 넣자마자 불을 끈다.

# 토마토·현미 미음

010
두뇌를 좋게하는 음식

## 재료 준비 Source

토마토 1/4개, 불린현미 1큰술

## 만드는 법 Recipe

1 믹서에 물을 약간 넣고 불린 현미를 간다. 2 토마토도 믹서에 갈아 놓는다. 3 냄비에 물, 갈은 현미, 토마토를 넣고 푹 끓인다.

COOK

3

# 이유 중기의 음식 (8~9개월)

이유식의 1회량이 50~100g 이 되고 1일 2회 먹인다. 단 처음에는 오후의 양을 오전양의 50%만 준다. 그러다 차차 분량을 증가시키고 농도도 진하게 바꿔서 본격적인 반고형식(半 固形食, 연식)의 이유식을 먹이도록 하는데 처음 1일 3회는 모유(인공유)만 먹인다. 생후 6개월째에 들어서면 좀 더 많은 재료를 사용해 중기 이유식에 대한 준비를 시작한다. 그동안 과즙과 야채 스프 등 묽은 액체 종류를 먹여 충분히 적응되었다면 수분도 조금 줄여 본다. 숟가락으로 떠서 기울이면 조금씩 뚝뚝 떨어지는 정도가 알맞다. 아직은 모유나 분유가 주된 영양 공급원이지만 이유식으로도 영양을 보충해 주어야 하므로 영양소가 부족하지 않도록  다양하게 식단을 짜야 한다.

# 두부스튜

001
두뇌를 좋게하는 음식

## 재료 준비 Source

두부 1/4모, 통밀가루 1큰술, 아몬드가루 2작은술, 가루간장 1/2작은술, 갈아놓은 치아씨 1/2 작은술

## 만드는 법 Recipe

1 냄비에 통밀가루를 넣고 노릇노릇하게 볶는다. 2 두부는 잘게 썬다. 3 냄비에 볶은 통밀가루, 아몬드가루, 두부를 넣고 두부가 잠길 만큼 물을 붓는다. 4 끓고 있을 때 가루간장 1/2 작은술을 넣는다. 5 갈아놓은 치아씨를 뿌린다.

# 표고버섯죽

002
두뇌를 좋게하는 음식

## 재료 준비 Source

마른 표고버섯 1개, 현미찹쌀가루 1큰술, 깨소금 1작은술, 소금 1/2작은술

## 만드는 법 Recipe

1 마른 표고버섯은 부드러워질 때까지 물에 담가놓는다. 2 표고버섯은 물기를 짜고 잘게 다진다. 3 냄비에 물 2컵과 현미찹쌀가루, 다진 표고버섯을 넣고 약한 불에서 끓인다. 4 분량의 깨소금과 소금을 넣는다.

# 미역죽

003
두뇌를 좋게하는 음식

## 재료 준비 Source

불린 미역 1/3컵, 현미 2큰술, 잣 1큰술, 소금 1/3작은술

## 만드는 법 Recipe

1 불린 미역은 잘게 다진다. 2 현미는 불렸다가 절구에 넣고 으깬다. 3 잣은 물 반컵을 넣고 믹서에 간다. 4 현미와 미역을 넣고 끓이다가 갈아놓은 잣을 붓고 한번 더 끓인다. 5 소금을 넣는다. 6 다진 잣 고명을 미역죽 위에 올린다.

# 으깬 고구마

004
두뇌를 좋게하는 음식

## 재료 준비 Source

고구마 작은 것 1개, 아기두유 2큰술

## 만드는 법 Recipe

1 고구마는 깨끗이 씻은 후 찐다. 2 껍질을 벗긴 후 으깨어 체에 내린다. 3 으깨진 고구마에 아기두유를 붓고 부드럽게 섞는다.

# 연두부 스프

## 재료 준비 Source

연두부 1/4모, 당근 30g, 콩가루 1큰술, 물 1/2컵, 소금 1/8작은술

## 만드는 법 Recipe

1 연두부는 뜨거운 물에 데친 후 깍둑썰기로 잘게 썰어 놓는다. 2 당근은 껍질을 벗겨 잘게 다진다. 3 냄비에 콩가루를 넣고 볶는다. 4 냄비에 분량의 물에 썰어놓은 연두부, 볶은 콩가루, 다진 당근, 소금을 넣고 한소끔 끓인다.

# 브로콜리 스프

006
두뇌를 좋게하는 음식

## 재료 준비 Source

브로콜리 15g, 두유 4큰술

## 만드는 법 Recipe

1 브로콜리는 뜨거운 물에 살짝 데쳐낸 후 곱게 다진다. 2 냄비에 다진 브로콜리, 두유를 넣고 끓인다.

# 땅콩·현미죽

## 재료 준비 Source

땅콩 1큰술, 현미 1큰술, 당근 20g

## 만드는 법 Recipe

1 생땅콩과 현미는 물에 6시간 정도 불려 놓는다. 2 믹서에 물을 충분히 붓고 현미, 땅콩, 당근을 간다. 3 냄비에 ②번을 붓고 약한 불에 끓인다.

# 노란호박찜

008
두뇌를 좋게하는 음식

## 재료 준비 Source

노란호박 100g, 물 1컵

## 만드는 법 Recipe

1 노란호박은 껍질을 벗기고 씨를 뺀다. 2 찜솥에 물을 붓고 망을 올려놓은 후 센 불에서 5분, 중간불에서 15분간 찐다.

이유 중기의 음식(8~9개월)

# 참깨두유

009
두뇌를 좋게하는 음식

## 재료 준비 Source

대두콩 1/3컵, 물 4컵, 볶은통깨 1큰술, 소금 1/4작은술

## 만드는 법 Recipe

1 대두콩을 깨끗이 씻은 후 6시간 정도 불린다. 2 2배 반 정도 불은 콩에 분량의 물을 넣고 센불에서 15분간, 중간불에서 5분간 끓인다. 3 믹서에 익힌 콩과 통깨, 소금을 넣고 곱게 간다. 4 체에 바쳐 즙만 받아낸다.

COOK

4

# 이유후기의 음식 (10~12개월)

이유식의 횟수를 1일 3회로 늘리고 분량도 증가시키며 반고형식에서 차차 건식(乾食)으로 이행케 한다. 수유량도 점점 줄여가고 1일 3회를 이유식과 성인식에 가까운 음식으로 먹게 되면 이유는 완료된다.

## 후기 이유식 진행하는 법

빠른 아기는 어른 밥을 넘볼 정도로 소화력과 씹는 힘이 좋아진다. 이제는 엄마 아빠와 같은 식탁에 앉혀 놓고 아기만의 이유식 상을 차려 준다. 하지만 아직 어른 밥은 무리이므로 밥도 따로 만들고 반찬도 싱겁게 해서 따로 만들어야 한다.

## 손으로 음식을 집으면 후기 시작!

손으로 음식을 집으려 하거나 유아용 밥그릇으로 한 그릇 정도 먹고 숟가락을 대면 입을 크게 벌리는 등 이유식에 적극적인 자세를 보이면 후기 이유식으로 넘어간다. 이유식은 하루 2회에서 3회로 늘리는데 3~4시간 간격이 적당하다 이 때 3회를 모두 후기 이유식으로 줄 필요는 없다. 총 3회 중 한 번 정도는 과즙이나 묽은 죽을 주고 나머지 2회를 후기 이유식으로 식단을 짠다. 이유식 형태는 잇몸으로 간단하게 으깨어 먹을 수 있도록 바나나 정도의 굳기가 적당하고 크기는 5~6㎜부터 시작한다. 죽은 밥 알갱이 형태가 그대로 눈에 보이는 진밥 상태로 해 준다.

## 이가 없더라도 덩어리진 음식을 준다

이유식 후기가 되면 아기의 이가 다른 아기보다 적거나 혹은 이가 나지 않았더라도 알갱이가 있는 음식을 주는 것이 좋다. 단, 이때에는 잇몸으로도 쉽게 으깨지도록 푹 삶아야 한다. 이렇게 덩어리진 음식을 주어야 씹는 힘이 길러지고 삼키는 연습이 된다. 또 씹는 동작은 잇몸을 튼튼하게 하거나 씹는 힘을 길러 주는 목적 외에 두뇌 발달을 위해 꼭 필요하다.

# 두부스테이크

001
두뇌를 좋게하는 음식

## 재료 준비 Source

두부 1/4모 (140g), 통밀가루 2큰술, 물 2 1/2큰술, 소금 1/3작은술, 포도씨유 2작은술

## 만드는 법 Recipe

1 손 두부를 구입하여 거즈에 싸서 물기를 뺀다. 2 두께 1㎝ 가로 · 세로 3㎝로 썬다. 3 통밀가루에 물과 소금을 넣고 저어 둔다. 4 포도씨유를 살짝 바른 팬에 두부를 밀가루에 한 번 굴린 후 구워낸다.

이유 후기의 음식(10~12개월)

# 감자매쉬

002
두뇌를 좋게하는 음식

## 재료 준비 Source

감자 1/2개(100g), 양파 1/4개(50g), 당근 1/2개(50g), 호두가루 1큰술, 물 3큰술

## 만드는 법 Recipe

1 감자, 양파, 당근은 크게 썬다 2 분량의 물과 함께 모든 재료를 넣고 10분간 익혀서 으깬다.
3 모양 틀로 찍는다.

이유 후기의 음식(10~12개월)

# 연두부탕

003
두뇌를 좋게하는 음식

## 재료 준비 Source

연두부100g, 통밀가루 2큰술, 레시틴 1큰술, 다시마 5㎝크기 1장, 무 100g, 물 1 1/2컵, 소금 1/2작은술

## 만드는 법 Recipe

1 냄비에 무와 다시마를 넣고 국물이 우러나오도록 끓인다. 2 연두부는 한입크기로 잘라 놓는다. 3 우러 낸 국물에 통밀가루를 풀어 넣는다. 4 연두부, 레시틴, 소금을 넣고 한소끔 끓인다.

이유 후기의 음식(10~12개월)

# 시금치 크로켓구이

004
두뇌를 좋게하는 음식

## 재료 준비 Source

시금치 50g, 감자 1/2개, 양파 20g, 당근 50g, 통밀가루 1큰술, 소금 1/2작은술, 들기름 3큰술

## 만드는 법 Recipe

1 시금치는 소금을 넣고 파랗게 데친 후 꼭 짜서 잘게 썬다. 2 감자와 양파는 삶아 뜨거울 때 으깨 놓는다. 3 당근은 잘게 다져 놓는다. 4 ①, ②, ③번에 소금을 넣고 섞은 후 통밀가루 옷을 입힌다. 5 들기름 바른 팬에 앞뒤 노릇노릇 구워낸다.

이유 후기의 음식(10~12개월)

# 완두콩 · 빵 스프

005
두뇌를 좋게하는 음식

## 재료 준비 Source

완두콩 1/3컵, 통밀빵 1/2쪽, 다진잣 1작은술, 소금 1/2작은술, 물 반컵

## 만드는 법 Recipe

1 흐르는 물에 씻은 완두콩, 잣, 물 반컵을 붓고 믹서에 간다. 2 통밀빵은 주사위 모양으로 작게 썬다. 3 같은 완두콩과 잣에 소금을 넣고 끓이다 빵을 넣는다.

# 야채 크로켓

006
두뇌를 좋게하는 음식

## 재료 준비 Source

통밀가루 2큰술, 완두콩 20g, 당근 20g, 표고버섯 20g, 호두 1개, 두유 3 1/2작은술, 포도씨유 1큰술

## 만드는 법 Recipe

1 표고버섯은 6시간 정도 불렸다가 물기를 꼭 짜서 다진다. 2 완두콩과 당근도 잘게 다져 놓는다. 3 호두는 겉껍질을 벗기고 뜨거운 물에 담가 속껍질을 벗기고 다진다. 4 두유에 모든 재료를 다 넣고 동글납작하게 모양을 만든다. 5 포도씨유를 살짝 두른 팬에 돌려가며 고루 익힌다.

# 으깬두부

## 재료 준비 Source

두부 1/4모, 완두콩 1큰술, 캐슈넛가루 1작은술, 소금 약간

## 만드는 법 Recipe

1 두부를 데친 다음, 숟가락으로 잘 으깬다. 2 완두콩을 삶아 으깬 두부와 캐슈넛가루를 잘 섞어서 약하게 간을 한다.

# 딸기수쉐이크

008
두뇌를 좋게하는 음식

## 재료 준비 Source

딸기 3개, 두유 1/2컵

## 만드는 법 Recipe

1 딸기는 흐르는 물에 여러번 씻는다. 2 믹서에 딸기와 두유를 넣고 간다.

COOK

5

# 이유 완료기의 음식
## (12개월 이후)

**생후 12개월 이후 잇몸으로 씹어서 넘길 수 있으므로 잘게 썬 음식이나 덩어리 음식을 먹을 수 있는 단계**

아이가 이유기를 거쳐 12개월가량이 되면 이제 어른과 비슷한 음식을 먹을 수 있는 시기가 된다. 식사시간의 간격은 하루 4~5회 먹을 수 있도록 한다. 이유 3회만으로는 칼로리나 영양이 부족할 수 있으므로 가벼운 간식을 주면서 아이들에게 필요한 영양소를 공급하고 공복감을 줄여줄 수 있는 음식을 제공한다.

이유 완료기의 음식(12개월 이후)

# 미니 주먹밥

001
두뇌를 좋게하는 음식

## 재료 준비 Source

7분도밥 반공기, 당근 15g, 시금치 15g, 양파 15g, 콩햄 10g, 참기름 1/2작은술, 소금 1/2작은술

## 만드는 법 Recipe

**1** 시금치는 소금을 넣고 파랗게 데친 후 찬물에 헹궈 잘게 썬다. **2** 당근, 양파, 콩햄은 잘게 썰어 볶는다. **3** 넓은 그릇에 밥과 참기름, ①, ②번을 넣고 섞는다. **4** 모양틀에 넣어 찌는다.

# 율란

002
두뇌를 좋게하는 음식

## 재료 준비 Source

밤 200g, 꿀 1큰술, 소금 1/2작은술, 잣가루와 캐럽시럽 1큰술

## 만드는 법 Recipe

1 밤은 삶아 껍데기를 벗기고 소금으로 간하여 체에 내린다. 2 밤에 꿀을 넣고 섞어 밤 모양을 만들어 잣가루와 캐럽시럽을 묻힌다.

# 현미쑥빵

003
두뇌를 좋게하는 음식

## 재료 준비 Source

현미쌀가루 1컵, 통밀가루 1컵, 쑥가루 1큰술, 꿀 2큰술, 소금 1작은술, 아마씨가루 2큰술, 이스트 1작은술, 물 1컵과 1큰술

## 만드는 법 Recipe

1 불렸다 빻은 현미가루에 모든재료를 다 넣고 반죽을 한다. 2 따뜻한 곳에 30분 정도 둔다. 3 동그랗게 모양을 만든다. 4 찜솥에 망을 올리고 베보자기를 깔고 빵의 간격을 넓게 놓는다. 5 30분 정도 찜솥에서 찐다. 6 아기가 먹기 좋게 조그맣게 떼어서 준다.

# 물만두

## 재료 준비 Source

만두피, 배지버거(콩) 1큰술, 마른표고버섯 1개, 부추 20g, 현미가루 1큰술, 가루간장 1작은술, 다시물 1/2컵

## 만드는 법 Recipe

1 물에 불린 표고버섯과 부추는 물기를 꼭 짜서 잘게 썬다. 2 썰어놓은 표고버섯, 부추, 배지버거, 현미가루, 가루간장을 넣어 버무린 후 만두피에 넣어 빚는다. 3 냄비에 다시물을 넣고 팔팔 끓으면 만두를 넣고 가루간장으로 간을 맞춘다. 4 아기가 먹기 좋게 만두를 조그맣게 자른다.

이유 완료기의 음식(12개월 이후)

# 무 · 검정깨 볶음밥

005
두뇌를 좋게하는 음식

## 재료 준비 Source

무 20g, 현미 1/2컵, 현미찹쌀 2큰술, 검정깨 가루 1작은술, 소금 1/3작은술

## 만드는 법 Recipe

1 무는 가늘게 채 썰어 익힌다. 2 현미와 현미찹쌀을 생미기에 넣어 살짝 벗긴 후 밥을 한다. 3 볶은 검정깨 가루에 밥, 무채, 소금을 넣고 버무린다.

# 팥죽

006
두뇌를 좋게하는 음식

## 재료 준비 Source

팥 1/2컵, 쌀눈붙은쌀 3큰술, 소금 1작은술, 꿀가루 1작은술, 잣 약간

## 만드는 법 Recipe

1 팥은 깨끗이 씻어 냄비에 담은 후, 물을 넉넉히 붓고 끓인다. 2 처음 삶아 낸 물은 버린다. 3 한 번 삶아낸 팥에 8배의 물을 붓고 팥알이 터질 정도가 될 때까지 삶는다. 4 쌀은 씻어 놓는다. 5 삶아진 팥은 믹서에 곱게 갈아 놓는다. 6 가라 앉은 앙금은 따로 담아 놓는다. 7 윗물인 팥물에 쌀을 넣고 끓인다. 8 끓고 있는 팥죽에 ⑥번을 넣어가며 중불로 끓인다. 9 소금과 꿀가루를 넣는다.

# 단호박·완두콩 스프

007
두뇌를 좋게하는 음식

## 재료 준비 Source

단호박 100g, 완두콩 2큰술, 땅콩가루 1큰술, 소금 1/2작은술, 물 1컵 반

## 만드는 법 Recipe

1 단호박의 씨를 빼고 잘게 썰어 놓는다. 2 완두콩은 씻어 놓는다. 3 단호박, 완두콩, 땅콩가루에 분량의 물을 넣고 끓인다. 4 소금을 약간 넣어 간을 한다.

# 감자전

008
두뇌를 좋게하는 음식

## 재료 준비 Source

감자 2개, 소금 1/4작은술

## 만드는 법 Recipe

1 감자를 강판에 갈아 놓는다. 2 소금을 넣는다. 3 기름을 넣지 않은 후라이팬에 1국자씩 떠 넣어 부친다.

# Part 03

# 두뇌를 좋게하는 유아기의 음식

유아기란 일반적으로 영아기 이후 만 1세부터 초등학교 입학 전까지의 시기를 말한다. 그러므로 미취학 아동기라고도 부른다.

### 1) 식사방법

충분한 식사시간을 가지고 규칙적인 식사시간을 지키며  잘 씹어먹고 식사예절을 지키도록 한다.

### 2) 유아 식단

❶ 영양 필요량을 고려하여 한 두가지 식품으로 한정하지 말고 되도록 다양한 식품으로 구성한다.

❷ 양질의 단백질과 칼슘을 충분히 공급할 수 있을 뿐만 아니라 비타민, 무기질, 수분을 공급하는 동시에 소화가 잘되는 것으로 구성한다.

유아기에는 단백질 1일 필요량의 1/2을 양질의 단백질로 섭취해야 하며, 식물성 식품 중 아미노산 조성이 가장 뛰어난 콩과 그 가공품(두부, 된장 등)을 이용한다. 칼슘은 골격과 치아, 신경계통에 관여하므로 많은 신경을 써야 한다. 도정하지 않은 곡류, 말린 콩, 신선한 과일, 청록색 잎채소, 종자류, 견과류 등의 섭취로 칼슘을 보충한다.

### 3) 유아 영양의 특수성

❶ 유아영양은 영양보급 뿐 아니라 중요한 육아의 한면으로 생각하여 개별차이에 유의해야 한다.

❷ 유아영양은 유즙영양으로부터 성인영양으로 옮겨가는 과정으로 성장, 발육하는 단계에 있으므로 앞으로의 성장기에 큰 영향을 미치게 된다.

❸ 자기의사를 표현할 수 있어서 음식에 대해 좋아하고 싫어하는 현상이 생기므로 음식기호를 고려해야 한다.

❹ 유아기에는 식욕이 없어지는 동요가 일어나고 편식이 생기기 쉽다.

❺ 유아기는 기본적 식습관의 확립시기이다.

❻ 유아기는 정서적으로 불안정한 시기이다. 특히 3~4세경은 불안정한 시기이므로 식사관리에 특별히 주의해야 한다.

❼ 유아기는 단음식의 간식을 잘먹게 되므로 구강위생관리를 잘못하면 충치에 걸리기 쉽다.

### 4) 식욕부진

일반적으로 식욕부진과 편식이 일어나기 쉬운 시기는 이유기와 4세 전후의 시기이다. 이유기에 생기는 이유는 이유식의 조리법, 주는 방법에 문제가 있을 수 있고 3~4세경에는 자아가 발달하여 여러 가지 일에 대해 기호의 감정이 뚜렷해지며 음식에 대해서도 싫은 것에 대한 거부반응 태도를 나타내게 된다. 유아의 식욕이 다소 저하되더라도 지나치게 신경쓰지 말고, 즐겁고 편안한 분위기 속에서 식사 할 수 있도록 배려한다.

### 5) 식사의 개선방법

1. 음식의 색 : 가장 식욕을 촉진시키는 색은 적색으로부터 오렌지색, 황색이며 황, 록색과 자색은 식욕을 손상시키기 쉽다. 식탁보는 빨간색과 흰색 체크무늬가 식욕을 촉진시키는데, 무늬도 작은 것보다는 큰 것(2~3cm)이 효과가 크다. 빨간색의 내프킨은 식욕을 돋우며, 식탁 위의 악세사리도 오렌지색이나 빨간색이 효과가 크다.
2. 조리의 맛 : 식품과 음식의 맛은 화학적인 맛, 촉각, 냄새, 온도가 서로 조화되면서 느끼게 되므로 이러한 맛의 구성요소를 검토하면서 조리한다.
3. 대응책 : 유아의 식욕부진은 질병인 경우와 질병이 아닌, 부모의 잘못된 양육법에 의한 경우가 많다. 올바른 식행동의 육아방법이 강구되어야 하고 유아음식의 조리, 식단에 대한 이해도 과학적인 근거에 의해 넓힐 필요가 있다.

### 6) 식품기호

1. 좋아하는 식품 : 단 것, 부드러운 것, 입안에서 씹어먹기 좋은 것, 입안에 넣기 쉬운 크기의 것 등이다.
2. 싫어하는 식품 : 냄새가 강한 채소, 매운음식, 짠음식 등이다. 미나리, 파, 양파, 쑥갓, 당근 등을 싫어하며, 연령이 높아지면서 이러한 현상은 감소된다.

유아기 음식

# 흑임자 초밥

001
두뇌를 좋게하는 음식

## 재료 준비 Source

현미잡곡밥 1공기, 흑임자 가루 2큰술, 참기름 1/2작은술, 레몬 3~4방울, 소금 1/3작은술

## 만드는 법 Recipe

1 잡곡밥을 한다. 2 밥에 참기름, 레몬즙, 소금을 넣어 섞는다. 3 밥을 완자 크기로 빚어 흑임자가루에다 버무린다. 4 초밥틀에 밥을 넣어 찍은 후 접시에 담는다.

# 흑미찐빵

002
두뇌를 좋게하는 음식

## 재료 준비 Source

가루 반죽 : 검정쌀가루 1컵, 통밀가루 2컵, 이스트 1작은술, 꿀 1작은술, 두유 1/2컵, 소금 1/2작은술, 땅콩가루 2큰술.
팥소 재료 : 삶은 팥앙금 1컵, 익힌 밤 4개, 꿀 1큰술, 소금 1/2작은술

## 만드는 법 Recipe

1 이스트 가루를 약간 따끈한 정도의 온수에 1/2컵 담고 전기밥솥에서 발효시킨다. 밥솥 바닥에 수건을 한 번 깔고 '보온'으로 놓고 발효시키면 온도가 딱 맞다. 밥솥의 뚜껑은 연 상태로 둔다. 이스트가 발효해 미색의 거품이 표면을 가득 덮으면 발효가 잘 된 것. 밥솥에 넣기 번거로우면 따뜻한 곳에 두어서 자연 발효시켜도 좋다. 2 밀가루를 체에 내린다. 3 쌀가루와 밀가루에 발효시킨 이스트를 넣어서 말랑하게 반죽한다. 4 반죽에 랩을 씌운다. 밥솥에 물을 1/4 차도록 붓고 랩 씌운 반죽을 넣어 중탕시킨다. 처음의 2배로 부풀면 꺼내어 다시 반죽한 다음 2차 발효시킨다. 역시 뚜껑을 열어서 발효시킨다. 5 2차 발효가 끝나면 반죽을 떼어서 팥소를 넣고 둥글 납작하게 만든다. 6 아물린 부분이 밑으로 가도록 하여 김이 오른 찜통에 서로 붙지 않도록 10~15분간 찐다.

유아기 음식

# 식혜

003
두뇌를 좋게하는 음식

식혜 밥하기 1 밥을 고슬고슬하게 한다. 2 예열해 따뜻해진 보온밥통에 뜨거운 밥을 넣고 엿기름 물을 섞어 50~60℃의 온도에서 5시간 정도 발효시킨다. 3 밥알이 삭아 3~4알 정도 떠오르기 시작하면 밥알을 망으로 건져 엿기름이 빠지도록 찬물에 깨끗이 헹군 다음 소쿠리에 담아 물기를 뺀다. 4 건져 놓은 밥알은 생수로 헹군다. 그래야 물 위에 동동 뜬다.

## 재료 준비 Source

7분도멥쌀 5컵, 엿기름가루 3+1/2컵 물 8컵, 생강 1톨 , 잣 약간

## 만드는 법 Recipe

1 볼에 엿기름 가루를 넣고 찬물을 부어서 1~2시간 정도 불린다. 2 ①의 엿기름가루가 비벼보았을때 쉽게 뭉개질 정도로 불려지면 손으로 주물러 엿기름물이 하얗게 녹아나도록 비벼 우린다. 3 충분히 우려낸 엿기름을 체에 밭쳐 걸러 앙금을 가라앉힌다. 4 한번 거른 엿기름에 물을 부어가며 맑은 물이 나올때까지 주물러 비벼 우린다. 5 체에 바쳐 볼에 물을 내리고 엿기름에 남아 있는 물기는 손으로 꼭 짠다. 6 3~4시간 정도 서늘한 곳에 두어 앙금이 가라앉으면 맑은 윗물을 조심스럽게 다른 그릇에 따라 둔다. 7 ⑥번을 냄비에 붓고 끓인다. 중간에 생기는 거품을 수시로 걷어낸다. 거품을 걷어내지 않으면 국물이 탁해진다. 8 저민 생강을 넣고 향이 나도록 다시 한 번 끓인 다음 차게 식힌다. 9 먹기 직전에 완성된 식혜 국물에 밥알과 잣을 띄워 낸다.

# 김밥

004
두뇌를 좋게하는 음식

단무지 만들기
재료 : 무1/2개, 레몬1개, 꿀2큰술, 오미자 1큰술, 물1/2컵, 소금약간
1 무를 김밥 길이로 썰어 소금, 레몬, 꿀, 오미자를 넣고 하루저녁 물에 담가 놓았다가 물기를 짠다.
우엉 조리기
재료 : 우엉1뿌리 가루간장 1큰술 물엿2큰술
2 우엉을 길죽하게 썰어 냄비에 물을 약간 넣고 약한 불에서 익히다가 가루간장과 물엿을 넣고 한번 더 조린다.

## 재료 준비 Source

7분도 밥 3공기 정도, 오이1개, 단무지 1/4개, 우엉1뿌리,
붉은피망1/2개, 유정란 1개, 감자1/2개, 레몬1큰술, 소금 1작은술, 참기름 1/2작은술, 통깨 1/2작은술

## 만드는 법 Recipe

1 오이는 채 썰어서 소금을 뿌려 살짝 절여서 물기를 걷는다. 2 단무지를 준비해서 김밥 길이로 자른다. 3 우엉도 길게 썰어서 조린다. 4 유정란은 알끈을 제거하고 소금을 약간 넣어 부친다. 5 감자는 삶아 소금을 약간 넣고 으깨 놓는다. 6 피망은 채 썰어 팬에 한 번 익힌다. 7 밥은 레몬, 소금, 참기름을 넣고 버무린다. 8 김발에 김을 깔고 위에 밥을 얇게 편다. 9 밥위에 오이, 단무지, 우엉, 지단, 으깬 감자, 피망을 놓고 돌돌 말아 먹기좋은 크기로 썬다. 10 위에 통깨를 뿌린다.

# 수박 · 참외화채

## 재료 준비 Source

수박 작은 것 1/4통, 참외 1/2개, 레몬 2쪽, 꿀 1큰술

## 만드는 법 Recipe

1 수박은 반으로 갈라 스쿠버로 동그랗게 파낸다. 2 참외는 씻어서 껍질을 벗긴 후 모양판으로 찍어낸다. 3 유리그릇에 수박과 참외, 꿀, 레몬즙을 넣는다.

# 밀고기 불고기

006
두뇌를 좋게하는 음식

## 재료 준비 Source

글루텐가루1컵, 호두 5개, 양파 1/3개, 가루간장 1큰술, 포도씨유 1큰술, 통깨 1/2작은술, 다진마늘 1작은술

## 만드는 법 Recipe

1 믹서에 분량의 호두와 양파 1/2개를 넣고 간다. 2 볼에 갈은 호도, 양파, 글루텐가루, 가루간장을 넣고 반죽한다. 3 나머지 양파는 채를 썰어 놓는다. 4 반죽된 고기는 얇게 펴서 조금씩 떼어가며 팬에 기름을 조금 바르고 굽는다. 5 구워낸 밀고기에 채 썬은 양파와 가루간장 1작은술, 다진마늘, 물 1큰술을 넣고 볶는다. 6 통깨를 뿌린다.

유아기 음식

# 자장면

007
두뇌를 좋게하는 음식

## 재료 준비 Source

통밀국수 150g, 감자 1개, 양파 1개, 베지미트 1큰술, 춘장 1/2컵, 완두콩, 오이20g, 물, 소금 약간

## 만드는 법 Recipe

1 통밀 국수를 삶아 찬물에 씻은 후 체에 바쳐 놓는다. 2 감자와 양파는 깍둑썰기 한다. 3 감자, 완두콩은 물을 약간 넣고 익혀 놓는다. 4 양파는 포도씨유를 넣고 불에 살짝 볶는다. 5 팬에 춘장과 물을 붓고 볶다가 분량의 재료들을 다 넣어 볶는다. 6 오이는 채 썰어 놓는다. 7 국수 위에 ⑤번을 붓고 고루 섞는다. 8 채썬 오이를 고명으로 올린다.

# 포도젤리

008
두뇌를 좋게하는 음식

## 재료 준비 Source

포도 200g, 한천 20g, 물 1컵, 꿀 1큰술

## 만드는 법 Recipe

1 포도는 알맹이를 따서 깨끗이 씻는다. 2 분량의 한천을 미지근한 물에 담가 불린다. 3 냄비에 포도와 물을 약간 넣고 조린다. 4 포도가 물러지면 고운 체에 부어 포도즙만 받아 둔다. 5 냄비에 불린 한천과 분량의 물을 붓고 불에 올려 젓가락으로 건져 보아 걸리는 것이 없을 때까지 끓인다. 6 끓고 있는 한천에 포도즙을 넣어 섞는다. 7 모양틀 안쪽에 찬물을 바르고 ⑥번을 부어 냉동실에 넣고 응고 시킨다. 8 굳으면 틀에서 살며시 빼내어 접시에 담는다.

유아기 음식

# 피넛 쿠키

009
두뇌를 좋게하는 음식

## 재료 준비 Source

통밀가루 2컵, 땅콩가루 50g, 통밀 팬 케이크가루 1/2컵, 꿀 1큰술, 물 1컵반

## 만드는 법 Recipe

1 밀가루를 체에 친다. 2 밀가루에 분량의 모든 재료를 섞는다. 3 반죽을 쿠키틀에 붓는다. 4 예열된 오븐 190˚C(374˚F)오븐에서 15간 굽는다.

# 각종 천연아이스크림

## 바나나 아이스크림

재료 : **바나나**
만들기 : 1 바나나는 껍질을 벗긴다. 2 바나나에 나무막대기를 끼운다. 3 냉동실에 얼린다.

## 딸기 · 파인애플 아이스크림

재료 : **딸기 200g, 파인애플 100g, 두유 3큰술**
만들기 : 1 딸기를 물에 식초 3~4방울 떨어트려 씻어내고 깨끗한 정수물로 다시 씻는다. 2 파인애플은 껍질을 깐다. 3 믹서에 딸기, 파인애플 두유를 넣고 간다. 4 ③번을 아이스크림통에 붓고 냉동실에 얼린다.

## 포도아이스크림

재료 : **포도 200g**
만들기 : 1 포도는 숯가루 물에 흔들어 씻고 흐르는 물에 씻는다. 2 포도알을 딴다. 3 냄비에 포도알과 물 1큰술을 넣고 약한 불에 끓인다. 4 포도가 흐물흐물해지고 씨가 다 빠지면 체에 바친다. 5 포도즙만 식힌 뒤 아이스크림통에 넣는다. 6 냉동실에 얼린다.

Part 04

# 두뇌를 좋게 하는 학령기의 음식

## 학령기(만 7세부터 12세까지의 초등학교 연령)

정서적 · 심리적 발달이 급속히 진행되므로 인격형성에 있어 중요한 시기라고 볼 수 있다. 좋고 싫은 가치관이 확립되고 편식과 영양소 섭취에 대한 일생의 기초가 형성되는 시기이기도 하다. 또한 신체적으로도 성장이 지속되면서 장기와 각 조직이 커짐과 동시에 그 기능이 충실해지며, 골격의 발달도 현저하게 이루어지는 중요한 시기이다.

개인의 성장 능력은 유전적으로 결정되지만, 최대한의 능력을 발휘하려면 적절한 음식 섭취를 통한 충분한 영양공급이 필요하다. 신체의 성장에 영향을 미치는 요인을 분석한 한 연구에 따르면 영양이 37%, 유전이 22%, 문화 및 기타의 자극이 약 10% 정도를 차지한다고 보고하고 있다. 즉 신체의 성장을 위해서 가장 중요한 요소가 영양이기 때문에 성장기인 이 시기에 균형진 영양을 섭취하는 것은 아주 중요하다.

학령기의 식이요법 핵심은 첫째로, 성장을 위하여 다양한 영양성분을 골고루 섭취하도록 해야 한다. 둘째로, 활발한 신체활동에 필요한 에너지를 공급하기 위하여 충분한 칼로리를 섭취해야 한다. 마지막으로 병원균 및 감염에 대한 저항력을 높이기 위하여 각종 미네랄과 비타민과 같은 미량 영양소를 충분히 섭취해야 한다.

학령기 아동의 잘못된 식생활에서 문제가 되는 것은 아침결식과 편식을 들 수 있다. 또한 인스턴트 식품이나 패스트푸드 섭취 빈도가 높아지고, 체중감량을 위한 절식 등도 문제가 되고 있다. 이와 같은 잘못된 식생활습관 때문에 영양섭취의 불균형을 초래하고, 비만이나 고지혈증과 같은 영양과잉문제나, 저체중이나 빈혈과 같은 영양결핍문제를 초래하게 된다. 학령기를 위한 식단을 짤 때 왕성한 활동을 위한 열량식품의 탄수화물 공급원으로는 현미밥과 같은 통곡류가 주식이 되도록 한다. 신체 조직의 성장을 위하여 필요한 단백질 공급원으로는 각종 콩종류를 활용한 잡곡밥, 콩조림, 두부, 콩나물, 두유 등을 제공한다. 비타민 C의 급원식품으로 감귤류와 각종 과일이 매일 일정량씩 포함되도록 하며, 비타민 A의 급원식품으로 녹황색 채소류가 1주일에 3~4회 정도 제공되도록 한다. 뇌세포의 막을 형성하는데 필요한 필수지방산을 위하여 각종 견과류를 한 끼에 한 주먹씩 먹도록 한다.

COOK

1

# 성장기 아이들의 두뇌가 좋아지는 음식

## 잘 먹는 아이가 똑똑해 진다.

전반적인 몸 상태가 좋으면 두뇌가 제 기능과 역할을 수행하기 마련이므로 몸 상태를 최상으로 끌어올리기 위해서는 무엇보다 편식을 삼가고, 골고루 먹는 식습관을 길러야 한다. 편식, 불규칙적인 식사, 폭식은 영양의 균형을 깨뜨리므로 반드시 하루 세끼 규칙적인 식사를 하도록 한다. 특히 단백질과 불포화지방산이 많이 함유된 견과류와 콩류 등이 도움이 되며 무심코 먹는 음식 중 설탕이 들어간 음식은 뇌의 기능을 떨어뜨리고 탄산음료는 뼈를 약하게 만들어 치아를 부식 시키므로 가급적 물을 마시고 운동을 하여 체력을 튼튼하게 만든다.

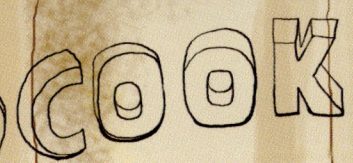

성장기 아이들의 두뇌가 좋아지는 음식

# 영양제

## 재료 준비 Source

갈은 검정깨 1/2컵, 참깨 1/2컵, 콩가루 1/2컵, 아마씨 1큰술, 물엿 1큰술

## 만드는 법 Recipe

1 물엿을 2분간 불에 끓인다. 2 재료를 모두 ①번에 넣고 버무린다. 3 도마위에 놓고 밀대로 밀어 평평하게 만든다. 4 모양 틀에 넣어 찍어낸다.

성장기 아이들의 두뇌가 좋아지는 음식

# 두부조림

002
두뇌를 좋게하는 음식

## 재료 준비 Source

두부 1/2모, 소금 1/2작은술, 포도씨유 3~4방울
양념 : 가루간장 1큰술, 고춧가루 1작은술, 다진파 2작은술, 다진마늘 1작은술, 통깨 1작은술, 물 1/4컵

## 만드는 법 Recipe

1 두부는 가로 3㎝ 세로 4.5㎝ 두께 0.8㎝ 크기로 썰어 소금을 뿌려둔다. 2 파, 마늘은 곱게 다지고 일부 파는 어슷썬다. 3 분량의 양념장 재료들을 넣고 양념장을 만든다. 4 두부의 물기를 닦고 포도씨유를 두른 팬에 노릇노릇하게 앞 뒤로 지진다. 5 냄비에 두부를 놓고 두부의 중앙에 양념장을 얹고 양념이 뜨지 않을 정도 물을 붓고 조린다. 6 살짝 익혀 접시에 담는다.

성장기 아이들의 두뇌가 좋아지는 음식

# 김 들깨 구이

003
두뇌를 좋게하는 음식

## 재료 준비 Source

김 5장, 볶은 들깨 1큰술, 참기름 1작은술, 소금 1/2작은술, 물엿 1큰술

## 만드는 법 Recipe

1 김을 불에 굽는다. 2 물엿에 물 1큰술을 넣고 끓인다. 3 김에 붓으로 물엿을 바른다. 4 김에 붓으로 참기름에 소금을 넣어 한 번 더 바른다. 5 김 위에 들깨를 뿌린다.

성장기 아이들의 두뇌가 좋아지는 음식

# 시금치 은행국

004
두뇌를 좋게하는 음식

## 재료 준비 Source

무 100g, 양파 50g, 다시마 1장, 시금치 100g, 은행 5알 , 가루간장 1큰술, 다진 마늘 1작은술

## 만드는 법 Recipe

1 무, 양파, 다시마는 물에 잠기도록 넉넉히 붓고 푹푹 끓인다. 2 은행은 겉껍질을 벗긴 후 프라이팬에 볶아 속껍질을 벗긴다. 3 시금치는 씻어서 준비해 둔다. 4 끓는 다시 국물에서 무, 양파, 다시마는 건져서 버린다. 5 시금치와 은행을 넣고 끓인다. 6 다진 마늘을 넣고 가루간장으로 간을 한다.

성장기 아이들의 두뇌가 좋아지는 음식

# 마카 잡곡 누룽지

005
두뇌를 좋게하는 음식

마카란?
페루에서 나는 것으로 영양성분을 보면 만병통치약으로 불리울 정도로 약효가 좋다하여 페루의 산삼이라고 한다. 고혈압이 있는 환자들에게는 혈압이 올라가므로 섭취하지 않는 것이 좋다.

## 재료 준비 Source

현미 3컵, 현미찹쌀 1/2컵, 마카 1/2컵, 생땅콩 1/4컵, 쥐눈이콩 1/4컵

## 만드는 법 Recipe

1 현미, 현미찹쌀, 생땅콩, 쥐눈이콩은 6시간 정도 불린다. 2 불린 곡식에 마카를 넣고 밥을 한다. 3 밥이 다 되었으면 밤톨만큼씩 떼어 놓는다. 4 달궈진 누룽지 기계에 넣어 2~3분간 구워낸다

성장기 아이들의 두뇌가 좋아지는 음식

# 보리순·토마토·양배추 샐러드

006
두뇌를 좋게하는 음식

## 재료 준비 Source

양배추 50g, 보리순 20g, 보라색 양배추 10g, 양파 50g, 방울토마토 5개, 싹낸 아마씨 1큰술, 캐슈넛 1큰술, 토마토 1/2개, 소금 1작은술, 레몬 3~4방울, 올리브유 1작은술

## 만드는 법 Recipe

1 양배추는 씻어서 채로 썬다. 2 싹낸 보리순은 뿌리를 자른 후 씻는다. 3 방울 토마토는 씻어서 반 자른다. 4 믹서에 토마토, 캐슈넛, 양파, 소금을 넣고 간다. 5 양배추, 보리순, 방울 토마토, 아마씨, 레몬, 올리브유를 넣은 샐러드에 ④번을 넣어 버무린다.

# 갓김치

## 재료 준비 Source

갓 1kg, 굵은소금 3/4컵, 쪽파 100g, 마늘 2통, 생강 1개, 붉은피망 3개, 현미찹쌀풀 1컵, 고춧가루 1/4컵, 꿀가루 2큰술, 천일염 1큰술

## 만드는 법 Recipe

1 갓은 연하고 붉은 것으로 준비하여 다듬어 씻는다. 2 손질한 쪽파와 함께 갓은 2~3시간 굵은 소금물에 절인 후 씻어 물기를 뺀다. 3 생강은 곱게 다지고 마늘은 편으로 썬다. 4 현미찹쌀가루에 물을 붓고 찹쌀풀을 쑤어서 식힌다. 5 피망은 믹서에 갈아놓는다. 6 갓김치에 파, 마늘, 생강, 찹쌀풀, 피망, 고춧가루, 꿀가루, 소금을 넣어 버무린다. 7 알맞은 양으로 묶음을 만들어 김치통에 꼭꼭 눌러 담는다.

성장기 아이들의 두뇌가 좋아지는 음식

# 근대무침

008
두뇌를 좋게하는 음식

## 재료 준비 Source

근대 150g, 캐슈넛 2큰술, 참기름 1작은술, 통깨 2작은술, 다진 마늘 약간, 소금 1/2작은술

## 만드는 법 Recipe

1 근대는 흐르는 물에 여러번 씻고 먹기 좋은 크기로 썬다. 2 뜨거운 물에 데쳐놓는다. 3 물기를 꼭 짜고 분량의 양념들을 넣고 무친다.

성장기 아이들의 두뇌가 좋아지는 음식

# 호두·오트밀 쿠키

009
두뇌를 좋게하는 음식

## 재료 준비 Source

통 밀가루 1컵, 오트밀 1컵, 호두 1/4컵, 코코넛 1/4컵, 물 1컵, 꿀 2큰술, 소금 1/4큰술

## 만드는 법 Recipe

1 분량의 호두는 물 1/4컵을 넣고 믹서에 간다. 2 볼에 ①과 다른 분량의 재료를 넣고 섞는다. 3 넓은 빵틀에 ②를 넣고 밀대로 밀어가며 평평하게 만든다. 4 폭 3cm 길이 9cm로 칼집을 낸다. 5 예열된 오븐 160˚C(320˚CF)에서 25분간 굽는다.

성장기 아이들의 두뇌가 좋아지는 음식

# 다시마 미역국

010

두뇌를 좋게하는 음식

## 재료 준비 Source

다시마 1장, 불린미역 80g, 잣 1큰술, 콩가루 1큰술, 다진마늘 1/2작은술, 소금 약간

## 만드는 법 Recipe

1 잘게 자른 다시마를 씻어서 냄비에 불린 미역과 함께 넣는다. 2 물 1/4컵과 콩가루, 잣가루를 미역에 넣고 약 2~3분간 볶는다. 3 미역이 물에 잠길만큼 물을 붓고 끓인다. 4 다진 마늘을 넣고 소금으로 간을 맞춘다.

2

# 키는 크게! 비만은 예방하는 음식

**쑥쑥! 키크는 비결 :** 일반적으로 키는 유전인자, 영양, 운동, 호르몬, 정서적 환경 등에 의해 결정되는 것으로 알려져 있다. 그 중 유전적 요인은 30%에 불과하며 후천적 노력에 의해서 어느 정도 차이가 난다. 따라서 이를 잘 활용하면 작은 키를 극복할 수 있다. 그럼, 이제부터 쑥쑥 키 크는 요령을 알아보자.

### 1. 잠을 잘 자야 한다.

성장호르몬은 잠자는 동안 분비되며, 평균적으로 밤 10시에서 새벽 2시 사이에 가장 많이 분비되는 것으로 나타났다.

### 2. 규칙적인 운동을 한다.

땀을 흘릴 정도의 적절한 운동은 성장호르몬 분비를 촉진시키고, 골관절 부위의 성장판을 자극해 성장을 촉진시킨다. 잠을 자기 전에 스트레칭 체조를 해주면 성장판 주위의 근육을 풀어주어 키 크는데 도움이 된다. 규칙적으로 철봉에 매달리는 운동도 도움이 된다. 몸무게로 인해 척추나 성장판이 압박을 받아 눌려진 상태를 늘려주고 풀어주어 키가 크는데 도움을 준다.

- **키를 크게 하는 운동** : 수영, 댄스, 테니스, 배구, 농구, 단거리 달리기, 탁구, 줄넘기, 점프, 조깅, 맨손체조, 배드민턴

### 3. 지나친 스트레스를 피한다.

스트레스는 성장호르몬의 분비를 방해한다.

### 4. 책상에서 올바른 자세를 갖도록 한다.

책상에 앉아있는 자세가 좋지 않으면, 척추에 척추측만증과 같은 변형을 일으켜 키가 자라는데 방해요소가 된다. 너무 오래 서있거나 걷는 것도 좋지 않다.

### 5. 무거운 물건을 오래, 자주 들지 않는다.

특히, 무거운 가방은 키 자람에 해롭다. 초등학생의 경우 3~4kg까지, 중학생은 5kg, 고등학생은 6kg 정도가 적당하다. 또 가방을 멜 때는 한쪽으로만 치우쳐 메지 말고 양쪽을 번갈아가며 균형있게 메는 것이 좋다.

### 6. 음식을 균형있게 섭취한다.

단백질, 칼슘, 비타민과 무기질, 당분, 지방 등 5대 영양소는 성장을 위한 필수요소들이다. 너무 짜거나 매운 음식은 피하는 것이 좋으며 차가운 우유는 장을 약하게 만들어 소화 흡수작용을 약하게 만들기 때문에 주의해야 한다.

- **키를 크게 하는 식품** : 콩, 채소, 과일, 잡곡
- **키를 크게 하는데 장애가 되는 식품** : 사탕, 탄산음료, 인스턴트 식품, 술, 커피

### 7. 당분, 지방을 과다 섭취하지 않는다.

과도한 당분은 골격 형성을 방해하며, 축적된 피하지방은 여성호르몬 분비를 촉진시켜 성장속도가 늦어진다.

### 8. 간식, 야식을 삼간다.

간식과 야식의 대부분은 팥빵, 우동, 메밀국수, 과자류, 사탕류, 라면, 주먹밥 등 이러한 음식의 대부분은 전분성내지 당질류의 것이어서 단백질과 비타민, 칼슘들이 현저하게 모자란다.

키는 크게! 비만은 예방하는 음식!

# 야채피자

001
두뇌를 좋게하는 음식

피자소스 만드는 법

1 양송이버섯, 당근, 양파, 청홍피망을 곱게 다진다. 2 토마토를 믹서에 넣어 갈아 놓는다. 3 냄비에 ①, ②, 토마토 페이스트와 소금을 넣고 한소끔 끓인다.

토핑 만드는 법

1 찹쌀가루에 약간의 물을 붓고 풀을 쑤듯 쑤어놓는다.
2 캐슈넛 가루에 두부를 으깨어 버무려 놓는다.

## 재료 준비 Source

빵 : 통밀가루 2컵, 콩물 1/2컵, 이스트 1/2작은술, 소금 1/2작은술, 포도씨유 1/2술
소스 : 양송이버섯 5개, 당근, 양파 각 1/2개, 붉은 피망, 푸른 피망 각1/2개, 토마토 1개, 토마토 페이스트 2큰술,  소금 1작은술
토핑 : 현미찹쌀가루 2큰술, 캐슈넛 3큰술, 두부 1/4모, 토마토 페이스트 1/2큰술

## 만드는 법 Recipe

1 분량의 삶은 콩물에 통밀, 소금, 이스트를 넣어 빵 반죽을 만든다. 2 달궈진 넓은 팬에 기름을 살짝 두른 후 반죽을 편편하게 피고 중간 불로 반죽을 뒤집어가며 15분정도 익혀 놓는다. 3 살짝 익혀놓은 빵 반죽 위에 피자소스를 올려놓는다. 4 파자소스 위에 토핑 ①번을 올리고 다음 ②번을 올린다. 5 토핑 위에 분량의 토마토페이스트를 뿌린다. 6 오븐기 204℃(400℉)에 15분 동안 굽는다.

키는 크게! 비만은 예방하는 음식!

# 파인애플 두유

002
두뇌를 좋게하는 음식

## 재료 준비 Source

대두콩 1/2컵,
파인애플 30g, 소금

## 만드는 법 Recipe

1 콩을 먼저 삶아 식힌다. 2 삶은 콩과 물, 파인애플, 소금을 넣고 믹서에 간다. 3 체에 거른다. 4 유리컵에 담는다.

키는 크게! 비만은 예방하는 음식!

# 오곡밥 와플

003
두뇌를 좋게하는 음식

## 재료 준비 Source

현미찹쌀 2컵, 수수 1/3컵, 차조 1/3컵, 검은콩 1/2컵, 팥 1/2컵, 소금 1작은술

## 만드는 법 Recipe

1 현미찹쌀은 물에 충분히 불려 깨끗이 씻어 채반에 건진다. 2 수수, 차조, 검은콩도 깨끗이 씻어 채반에 건진다. 3 팥은 씻은뒤 잠길 정도로 물을 부어 한소끔 삶은 뒤 물을 버린다. 4 위의 재료에 소금을 넣고 밥을 한다. 5 와플기에 넣어 3분간 구워낸다.

키는 크게! 비만은 예방하는 음식!

# 구기자 무쌈말이

004
두뇌를 좋게하는 음식

## 재료 준비 Source

팽이버섯 1/3묶음, 붉은 피망 1/2개, 알파파 20g, 깻잎 3장
무쌈재료 : 무 1/3개, 물 3컵, 구기자 1큰술, 소금 1큰술, 꿀 1큰술, 레몬 1/2개

## 만드는 법 Recipe

1 무를 얇게 동글썰기로 썰어 놓는다. 2 분량의 물, 구기자, 소금, 꿀, 레몬즙을 섞어 촛물을 만든다. 3 무를 ②번에 약 3시간 정도 담갔다가 꺼내 물기를 꼭 짠다. 4 야채들은 씻어서 물기를 빼 놓는다. 5 깻잎과 피망은 가로 1cm, 길이는 팽이버섯에 맞춰 잘라 놓는다. 6 무쌈 위에 깻잎, 피망, 팽이버섯, 알파파를 넣고 돌돌 말아 접시에 낸다.

키는 크게! 비만은 예방하는 음식!

# 파란껍질 콩찜

005
두뇌를 좋게하는 음식

## 재료 준비 Source

껍질콩 100g, 소금 1작은술

## 만드는 법 Recipe

1 껍질콩을 깨끗이 씻는다.
2 찜솥에 소금을 넣고 쪄낸다.
3 접시에 담는다.

키는 크게! 비만은 예방하는 음식!

# 스파게티

006
두뇌를 좋게하는 음식

## 재료 준비 Source

스파게티 국수 400g, 표고버섯 3개, 양송이 6개, 청피망 2개, 홍피망 1개, 토마토 2개, 다진 양파 4큰술, 다진마늘 1큰술, 스파게티소스 5큰술, 월계수잎 1장, 바질, 파세리 1작은술씩, 소금 1작은술

## 만드는 법 Recipe

1 냄비에 물을 넉넉히 붓고 팔팔 끓으면 소금을 넣고 스파게티 국수를 15분 정도 삶는다. 2 소쿠리에 바쳐 물을 빼고 올리브유를 발라둔다. 3 표고버섯은 얇게 저미고 양송이는 도톰하게 썬다. 4 양파는 잘게 다지고 피망은 가로 세로 0.5㎝ 크기로 썬다. 5 토마토는 작게 다져 놓는다. 6 달구어진 팬에 물을 살짝 두르고 마늘을 볶는다. 7 마늘향이 우러나면 양파, 피망, 버섯을 차례로 넣고 중불에서 볶는다. 8 스파게티소스, 월계수잎, 토마토, 바질, 파세리를 넣는다. 9 월계수잎은 건져내고 스파게티 국수와 소스를 버무려 접시에 담는다.

키는 크게! 비만은 예방하는 음식!

# 블루베리·통밀 팬케이크

007
두뇌를 좋게하는 음식

## 재료 준비 Source

통밀 팬케이크 2컵, 물 1/2컵, 블루베리 50g, 콩가루 1큰술, 포도씨유 2큰술, 소금 1작은술

## 만드는 법 Recipe

1 넓은 그릇에 분량의 재료들을 넣고 고루 섞는다.
2 달궈놓은 팬에 불을 약하게 해놓고 한수저씩 떠 넣는다.
3 한면이 익으면 뒤집어서 한번 더 익힌다.

키는 크게! 비만은 예방하는 음식!

# 검정깨 모찌

008
두뇌를 좋게하는 음식

## 재료 준비 Source

현미찹쌀가루 3컵, 팥앙금 1컵, 검정깨 1/3컵, 녹말가루 약간, 꿀 2큰술, 소금 1/4작은술

## 만드는 법 Recipe

1 팥에 물을 붓고 삶다가 끓어 오르면 물을 버린다. 2 팥에 물을 다시 붓고 팥알이 터질 때까지 삶는다. 3 뜨거울 때 팥에 꿀을 넣고 으깬다. 4 물내린 찹쌀가루는 손으로 쥐면 뭉쳐질 정도로 쫀득하게 치댄다. 5 찹쌀가루 반죽을 치대다 손에 묻거나 도마에 묻으면 녹말가루를 묻힌다. 6 반죽된 찹쌀에 으깬 팥을 넣는다. 7 김 오른 찜통에 넣어 15분간 찌고 3분간 뜸을 들인다. 8 익은 모찌에 볶은 검정깨를 고물로 무친다.

키는 크게! 비만은 예방하는 음식!

# 콩·현미 크로켓

009
두뇌를 좋게하는 음식

## 재료 준비 Source

노란콩 1컵, 양파 1개, 볶은땅콩 2큰술, 시금치물 1/4컵, 호두 4개, 통밀가루 4큰술, 두유 3/4컵, 빵가루 4큰술, 소금 1작은술

## 만드는 법 Recipe

1 물 2컵을 넣고 삶은 콩에 시금치 물을 붓고 믹서에 곱게 갈아 놓는다. 2 땅콩, 호두, 양파는 곱게 다진다. 3 ①번과 ②번에 소금을 넣고 섞은 후 크로켓 모양을 만든다. 4 통밀가루에 두유를 넣어 섞고 크로켓을 담갔다 꺼낸다. 5 빵가루에 굴린다. 6 오븐기204C°(400F°)에서 15분간 구워낸다.

키는 크게! 비만은 예방하는 음식!

# 오이 깍두기

010
두뇌를 좋게하는 음식

## 재료 준비 Source

오이 300g, 양파, 붉은피망 80g, 토마토 100g, 마늘 1쪽, 소금 1/4큰술

## 만드는 법 Recipe

1 오이는 소금으로 문질러 씻는다. 2 끓는 물에 오이를 넣었다 꺼낸다. 3 깍둑썰기를 한다. 4 양파, 마늘, 붉은피망, 토마토를 믹서기에 간다. 5 ③번과 ④번을 섞고 소금을 넣어 버무린 후 접시에 담는다.

COOK

3

# 짜증을 잘 내거나 폭력적인 아이를 예방하는 음식

이유 없이 짜증을 내고 집중력과 인내심이 없다면 범인은 바로 저혈당 상태이다. 당도가 높은 음식을 먹으면 이 당분이 소장에서 흡수되어 포도당으로 변하지만 흡수가 너무 빨라 혈액 중의 혈당치가 급상승한다. 인체는 혈당치가 높아진 것을 신호로 알고 인슐린을 갑자기 분비한다.

이 인슐린은 혈당치를 내리는 작용을 하므로 이번에는 한꺼번에 혈당치가 급강하하며 그 내려가는 과정이 너무 빠르므로 단 것을 먹기 전의 혈당치보다 오히려 훨씬 더 낮은 저혈당 상태가 된다. 이 저혈당이 현기증, 짜증, 심장박동 증가 등의 상태를 만들어 집중력을 떨어뜨리고 불쾌한 기분을 만들어 툭하면 싸움을 하게 되는 것이다.

그러므로 백미, 흰밀가루, 백설탕과 같은 정백가공식품, 인스턴트식품을 끊고 비타민이나 미네랄이 풍부한 식품을 섭취시키면 자연히 이러한 증상은 없어진다. 요즈음 학생들의 태도와 학습이 정신 교육만으로는 어렵다는 것을 인식하고 자연식을 강구하여 자연스러운 치유를 권장한다.

짜증을 잘 내거나 폭력적인 아이를 예방하는 음식

# 발아현미밥

001
두뇌를 좋게하는 음식

## 재료 준비 Source

현미 1컵, 현미찹쌀 1/2컵, 좁쌀 1/2컵

## 만드는 법 Recipe

1 현미, 현미찹쌀, 좁쌀은 씻은 후 6시간 정도 물에 담가둔다. 2 건져낸 쌀은 물이 빠질 수 있는 체에 담아 면보로 덮어둔다. 3 3~4일 정도 아침저녁으로 물을 준다. 4 싹이 난 쌀과 좁쌀을 섞어서 밥을 한다.

짜증을 잘 내거나 폭력적인 아이를 예방하는 음식

# 건강 된장국

002
두뇌를 좋게하는 음식

## 재료 준비 Source

무300g ,두부 1/4모 , 느타리버섯 50g, 호박 1/3개, 양파 1/2개, 쪽파 30g, 배지버거 1큰술, 가루간장 1큰술, 이스트후렉(콩가루) 1큰술, 물 5컵, 다진마늘 1작은술

## 만드는 법 Recipe

1 무와 두부는 직사각형으로 두께 1cm로 썬다. 2 양파는 손질해서 굵은 채로 썰어 놓는다. 3 쪽파는 손질해서 4cm로 잘라 놓는다. 4 뚝배기에 분량의 물과 무를 먼저 넣고 느타리 버섯, 양파, 호박, 두부를 넣고 끓인다. 5 가루간장, 배지버거, 쪽파, 다진마늘, 이스트후렉을 넣는다.

짜증을 잘 내거나 폭력적인 아이를 예방하는 음식

# 밀고기 닭강정

## 재료 준비 Source

글루텐가루 2컵, 양파 1개, 캐슈넛 1/2컵, 조청, 고추장 1큰술씩, 슬라이스한 아몬드 20g, 땅콩20g, 다진 마늘 1작은술, 레몬 1작은술

## 만드는 법 Recipe

1 양파를 강판에 간다. 2 캐슈넛을 분쇄기에 간다. 3 글루텐가루에다 갈은양파, 캐슈넛, 가루간장을 넣어 반죽한다. 4 반죽을 동그랗게 떼어낸다. 5 찜솥에 찌거나 팬에 굴려가며 익혀낸다. 6 냄비에 조청, 고추장, 다진 마늘, 레몬즙을 넣고 약고추장을 만든다. 7 ⑤번과 ⑥번에 땅콩과 슬라이스한 아몬드를 섞어 접시에 담아낸다.

짜증을 잘 내거나 폭력적인 아이를 예방하는 음식

# 양상추 샐러드

004
두뇌를 좋게하는 음식

## 재료 준비 Source

양상추 500g, 토마토 1/3개, 양파 50g, 캐슈넛 1큰술, 파인애플, 레몬 1/2작은술, 소금 1/4작은술

## 만드는 법 Recipe

1 양상추는 씻은 후 먹기 좋은 크기로 잘라 놓는다. 2 토마토와 양파, 캐슈넛은 씻은 후 믹서에 갈아 놓는다. 3 양상추에 갈은 토마토, 양파, 캐슈넛, 레몬즙, 소금을 넣어 버무린다.

짜증을 잘 내거나 폭력적인 아이를 예방하는 음식

# 브로콜리 김치

005
두뇌를 좋게하는 음식

## 재료 준비 Source

브로콜리 1다발, 현미가루 1/2컵, 붉은피망 1/2개, 양파 1/4개, 파 1뿌리, 생강 1쪽, 마늘 5쪽, 깨소금 1큰술, 소금 1/2큰술

## 만드는 법 Recipe

1 브로콜리는 잘라서 뜨거운 물에 담갔다 꺼낸 후 찬물에 씻는다. 2 생강, 마늘, 피망, 양파는 씻어서 곱게 다진다. 3 파는 씻어서 어슷썰기로 썬다. 4 분량의 현미가루에 물 2컵을 붓고 풀을 쑨다. 5 브로콜리에 나머지 재료들을 다 넣고 버무린다.

짜증을 잘 내거나 폭력적인 아이를 예방하는 음식

# 볶은 콩

006
두뇌를 좋게하는 음식

## 재료 준비 Source

메주콩 1컵, 올리브유 1/8작은술, 소금 1/8작은술

## 만드는 법 Recipe

1 콩을 깨끗이 씻어서 말린다. 2 기름기 없는 후라이 팬에 콩을 넣고 저어가며 약한 불로 익힌다. 3 콩이 식어갈 무렵에 올리브유를 넣어 고루 섞는다. 4 소금을 뿌리고 고루 섞는다.

짜증을 잘 내거나 폭력적인 아이를 예방하는 음식

# 밀고기 갈비

007
두뇌를 좋게하는 음식

양념장 만들기

재료 : 배 1/2개, 파 1뿌리, 마늘 3쪽, 생강 1쪽, 꿀 1작은술, 가루간장 1작은술, 깨소금 1작은술

만들기 : ① 배는 강판에 간다. ② 마늘, 생강은 다져 놓는다. ③ 파는 동글썰기로 썰어 놓는다. ④ 갈은 배와 마늘, 생강, 파, 가루간장, 깨소금을 섞는다.

## 재료 준비 Source

글루텐가루 2컵, 양파 1개, 밀눈 1/2컵, 호두 1/2컵, 가루간장 1작은술

## 만드는 법 Recipe

1 양파, 호두, 밀눈, 가루간장을 넣고 믹서에 간다. 2 분량의 글루텐가루에 갈은 양파, 밀눈, 호두, 가루간장를 넣고 반죽을 한다. 3 후라이팬에 포도씨유를 넣고 닦아낸 후 만든 밀고기를 구워낸다. 4 양념장을 묻혀서 한번 더 익힌다.

짜증을 잘 내거나 폭력적인 아이를 예방하는 음식

# 팝콘

008
머리좋은 아이로 키우고 싶다

## 재료 준비 Source

옥수수알 1컵, 대추가루 1큰술, 이스트후렉 1/4컵, 올리브유 1큰술, 소금 1/2작은술

## 만드는 법 Recipe

1 기름기 없는 후라이팬에 옥수수알을 넣고 처음에는 쎈불에서 1분간 약한 불에서 5분간 두면 튀겨진다. 2 다 튀겨진 팝콘을 넓은 그릇에 쏟는다. 3 분무기에 올리브유를 넣어 팝콘에 골고루 뿌린다. 4 팝콘에다 소금, 이스트후렉, 말린 대추가루를 넣어 버무린다.

짜증을 잘 내거나 폭력적인 아이를 예방하는 음식

# 오렌지 스쿼시

009
머리좋은 아이로 키우고 싶다

## 재료 준비 Source

오렌지 2개, 체리

## 만드는 법 Recipe

1 오렌지는 숯가루 풀은 물에 담가 씻는다. 2 껍질을 벗기고 즙기에 넣어 오렌지를 짠다. 3 체에 거른다. 4 유리컵에 오렌지를 담고 체리를 띄운다.

짜증을 잘 내거나 폭력적인 아이를 예방하는 음식

# 복숭아젤리

010
두뇌를 좋게하는 음식

## 재료 준비 Source

한천 20g, 복숭아 중간크기 1개, 황도 2쪽, 물 1컵, 꿀 1작은술

## 만드는 법 Recipe

1 한천에 물을 조금 붓고 팔팔 끓인다. 2 복숭아는 껍질을 벗겨 강판에 간다. 3 끓인 한천이 60℃ 정도로 식으면 갈아놓은 복숭아, 잘게 다진 황도, 꿀을 넣고 조린다. 4 젤리틀에 물을 바르고 ③번을 넣는다. 5 복숭아 젤리가 굳으면 접시로 옮긴다.

# Part 05

# 두뇌를 좋게하는 청소년기의 음식

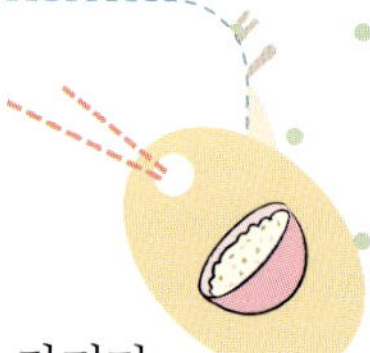

## 청소년기의 영양

우리가 음식을 섭취하면 그 속에 들어 있는 영양소에 의해 우리의 키가 커지기도 하고 활동에 필요한 에너지를 얻기도 한다. 특히 청소년기는 신체의 성장과 발달이 빠르고 활동량도 많은 시기이므로 영양소 필요량이 상당히 증가하게 된다. 이 시기에 영양소 공급이 충분히 이루어지지 않으면 신체 성장이 부진해질뿐만 아니라 건강에도 좋지 않은 영향을 끼치므로 음식을 잘 섭취해야 한다.

### 청소년기는 어떤 영양소가 더 필요할까?

#### 1. 단백질

단백질은 체조직을 구성하고 병에 대한 저항력을 길러주며 우리 몸 안의 여러 가지 생리 작용을 조절하는 호르몬과 효소의 구성 성분이기도 하다. 단백질은 아미노산의 형태로 되어 있는데 우리 몸 안에서 합성되지 못하는 것을 필수 아미노산이라고 하며 반드시 식품으로 섭취해야 한다. 특히 청소년기에는 단백질 필요량이 증가한다. 단백질은 체내에서 혈액과 근육을 만들고 키를 자라게 하는 성장 호르몬의 주요 영양소가 되기 때문에 그 무엇보다 중요하다.

#### 2. 무기질

무기질은 생리적 기능을 조절할 뿐만 아니라 뼈와 이, 몸의 조직, 혈액 등을 구성한다. 최고의 성장속도를 보이는 시기에 있는 청소년기에는 다른 시기보다 칼슘, 철분, 아연 등이 더 필요하다.

##### 1) 칼슘

칼슘은 청소년기의 골격 성장을 위해 매우 중요한 영양소이다. 청소년기에는 총 골격 성장의 45% 가량이 이루어지므로 충분한 칼슘의 공급이 필요하다.

• 식품 : 미역, 콩, 다시마, 생강, 야채(특히 상추와 양배추, 브로콜리 등 푸른잎 야채), 참깨 등

### 2) 철분

철분은 청소년기에 부족되기 쉬운 3대 무기질(칼슘, 철분, 아연) 중의 하나로서 헤모글로빈과 미오글로빈의 필수 구성 성분이며 효소체계에서 보조효소로서 중요한 역할을 한다. 철분의 경우, 청소년기에 요구량이 가장 많다. 남자는 근육량의 축적에 따른 혈액량의 증가로, 여자는 월경에 따른 혈액 손실로 인해 철분의 요구량이 많아지게 된다.

- 식품 : 건포도, 완전곡류, 시금치, 견과류 (호두, 아몬드), 참깨, 보리, 콩, 해조류, 살구, 복숭아, 바나나 등

### 3) 아연

아연은 단백질 합성에 관여하며, 성장과정에 없어서는 안 되는 중요한 역할을 한다. 청소년기는 신체의 급속한 성장과 성적 성숙이 이루어지는 시기이므로 특히 아연이 중요하다.

- 식품 : 양파, 견과류, 도정하지 않은 곡류, 호박씨, 푸른잎 야채 등

## 3. 비타민

다른 영양소가 체내에서 이용될 수 있게 도와주므로 부족하면 영양소 대사가 잘 이루어지지 않아 쇠약해지고 심하면 결핍증이 나타난다. 사춘기의 급속한 성장을 위해 추가로 필요한 비타민들이 충분히 공급되어야 한다.

### 1) 비타민 A

시력, 성장, 세포의 분화와 증식, 생식, 면역능력 등에 반드시 필요하다.

- 식품 : 당근, 무잎, 순무잎, 시금치 등의 녹황색 채소, 오이, 감자, 토마토 등

### 2) 비타민 D

골격의 석회질화와 관련하여 칼슘과 인의 항상성 유지에 관여한다. 즉 칼슘의 흡수율을 높이기 때문에 자라나는 청소년기에 더욱더 필요한 영양소라 할 수 있다.

- 식품 : 버섯, 해바라기씨, 햇볕에 의해 체내 합성 등

### 3) 비타민 C

콜라겐 합성에 필수적인 성분으로서, 근육, 골격, 혈관, 피부를 튼튼하게 만든다. 영양소 대사에 관여하므로 필요량이 증가하고 잘 섭취해야 한다.

- 식품 : 신선한 야채와 과실(밀감류, 딸기, 사과, 감, 감자, 양배추, 토마토, 피망 등)

### 4) 티아민(비타민 $B_1$)

단백질의 신진대사를 촉진시키는데에 꼭 필요하다. 성장을 촉진하고 심근을 보호하며, 두뇌의 작용을 자극하는 역할을 한다.

- 식품 : 완전곡류(특히 밀과 귀리), 현미, 콩류, 팥, 감자류, 녹색채소 등

### 5) 리보플라빈(비타민 $B_2$)

성장을 촉진하고 건강을 유지하는 비타민이다.

- 식품 : 완전곡류, 아몬드, 녹황색 채소, 버섯, 해조류 등

### 6) 엽산(비타민 $B_9$)

엽산은 DNA합성에 있어서 중요한 역할을 하므로 세포의 증식과 성장이 왕성한 청소년기에는 이 영양소의 섭취가 매우 중요하다. 대개의 청소년들(특히 소녀들)에 있어서 엽산의 섭취가 낮은 것으로 보고되어 있으므로 더욱더 섭취에 신경을 써야겠다.

- 식품 : 감자, 잎이 많은 진한 녹색채소, 브로콜리, 아스파라거스, 시금치, 상추, 버섯, 견과류, 땅콩 등

### 7) 코발라민(비타민 $B_{12}$)

급격한 세포 성장을 위해서는 판토텐산의 필요량이 증가한다. 또한 적혈구의 생산과 재생에 꼭 필요하며 빈혈을 예방하기 때문에 청소년기에 없어서는 안 될 중요한 미량 영양소이다.

- 식품 : 김, 해바라기씨, 해조류, 바나나, 땅콩, 포도 등

1

# 두뇌에 좋은 단백질이 풍부한 음식

## 두뇌회전을 빠르게 해주는 단백질!

단백질은 두뇌의 신경전달물질을 생성하는 데 필요하다. 단백질은 소화과정에서 아미노산이라 불리는 작은 단위로 분해되는데 아미노산은 신체세포, 특히 신경전달물질을 위한 기본성분이 된다. 22종의 아미노산 중 고기에는 페닐알라닌과 티록신이 남아돌아 인체 면역기능을 떨어뜨리며 알기닌은 콜레스테롤을 과잉으로 만들어내고 유황을 가진 함황아미노산은 인체골격 구성에 필수적인 칼슘의 이용률을 떨어뜨린다. 육류 속에 들어 있는 단백질 함량은 콩과 비교해볼 때 절반 밖에 되지 않으며 단백가도 큰 차이가 없다. 그러므로 식물성 고기인 콩류를 섭취하면 많은 질병으로부터 몸을 보호하고 감정을 잘 조절할 수 있을 뿐만 아니라 두뇌회전을 빠르게 해주는데 손색이 없을 것이다.

두뇌에 좋은 단백질이 풍부한 음식

# 까나페

001
두뇌를 좋게하는 음식

## 재료 준비 Source

통밀식빵 5쪽, 배지버거(콩고기) 50g, 잣 9개, 올리브 5개

## 만드는 법 Recipe

1 통밀식빵을 모양 틀에 넣어 찍어낸다. 2 분량의 콩고기에 물 1큰술을 넣어 익힌다. 3 올리브는 둥글게 썰어놓는다. 4 식빵 위에 콩고기를 올린다. 5 배지버거 위에 올리브와 잣을 올려놓는다.

두뇌에 좋은 단백질이 풍부한 음식

# 두부

002
두뇌를 좋게하는 음식

양념장만들기

재료 : 간장가루 2작은술, 생수 1/2컵, 다진파 1작은술, 깨소금 1작은술, 레몬 1작은술.

만들기 : 1. 재료를 다 혼합한다.

## 재료 준비 Source

콩 1컵, 레몬 1/2개, 알파파 100g, 물 5~6컵, 소금 1/2작은술

## 만드는 법 Recipe

1 대두를 깨끗이 씻어 12시간 정도 물에 담가 둔다. 2 불은 콩에 물을 붓고 믹서에 곱게 간다. 3 갈린 콩은 체에 바친다. 4 넓은 냄비에 갈은 콩을 넣고 3소끔 끓인다. 5 불을 끄고 레몬즙을 살살 뿌린다. 6 응고가 잘 되도록 수저로 천천히 3~4번 정도 저어놓는다. 7 응고되었으면 면보에 싸서 두부틀에 넣고 누른다. 8 두부위에 싹을 낸 알파파를 올려 놓는다. 9 먹기좋은 크기로 썰어 양념장에 찍어먹는다.

두뇌에 좋은 단백질이 풍부한 음식

# 오트밀 그라놀라

003
두뇌를 좋게하는 음식

## 재료 준비 Source

오트밀 300g, 꿀 2큰술, 레시틴 1큰술, 소금 1작은술

## 만드는 법 Recipe

1 오트밀을 오븐기 177℃(350℉)에서 15분간 굽는다(1차) 2 구워낸 오트밀에 소금, 레시틴, 꿀이나 시럽을 뿌려 고루 섞는다. 3 오븐기에 넣어 177℃(350℉) 5분간 다시 굽는다(2차) 4 두유에 넣어 먹는다.

두뇌에 좋은 단백질이 풍부한 음식

# 메밀국수

004
두뇌를 좋게하는 음식

## 재료 준비 Source

메밀국수 150g, 다시마 1장, 표고버섯 3개, 양파 1/2개 무 1/3개, 김 1장, 레몬 1/4개, 가루간장 1/2큰술, 꿀 1/2큰술, 다진파 약간

## 만드는 법 Recipe

1 다시마, 표고버섯, 양파를 넣고 푹 끓여 식은 뒤 건더기는 건져낸다. 2 국물에 가루간장, 꿀, 레몬즙, 파를 섞는다. 3 냄비에 물을 붓고 물이 끓으면 국수를 넣는다. 4 익은 국수를 얼음물에 넣어 헹군 뒤 돌돌말아 놓는다. 5 김은 잘게 잘라 국수 위에 올려 놓는다. 6 무는 강판에 갈아 그릇에 담는다.

두뇌에 좋은 단백질이 풍부한 음식

# 마늘구이

005
두뇌를 좋게하는 음식

## 재료 준비 Source

통마늘 4통

## 만드는 법 Recipe

1 통마늘 꼭지를 칼로 자른다. 2 용기에 통마늘을 넣고 전자렌지에서 2분간 돌린다. 3 접시에 담는다.

두뇌에 좋은 단백질이 풍부한 음식

# 아몬드 조림

006
두뇌를 좋게하는 음식

## 재료 준비 Source

아몬드 100g, 가루간장 1작은술, 물엿 1큰술

## 만드는 법 Recipe

1 아몬드를 따뜻한 물에 10분 정도 담근다. 2 아몬드 껍질을 벗긴다. 3 냄비에 아몬드, 가루간장, 물엿을 넣고 조린다.

두뇌에 좋은 단백질이 풍부한 음식

# 표고와 목이버섯잡채

007
두뇌를 좋게하는 음식

## 재료 준비 Source

당면 200g, 표고버섯 50g, 목이버섯 50g, 당근 50g, 양파 50g, 양배추 50g, 파 1뿌리, 가루간장 1/4컵 참기름 1큰술, 통깨1큰술

## 만드는 법 Recipe

1 양파, 양배추, 당근은 씻은 후 채썬다. 2 표고와 목이버섯은 물에 불린 후 손질해서 채썬다. 3 ②번에 참기름과 소금을 넣고 밑간을 해둔다. 4 양파, 목이버섯, 표고버섯, 당근, 양배추, 파는 물 1큰술 넣고 볶는다. 5 끓는 물에 당면을 6분간 삶아 건진 후 참기름과 간장으로 버무린다. 6 당면에 준비된 재료를 모두 넣고 버무린 후 접시에 담아낸다.

두뇌에 좋은 단백질이 풍부한 음식

# 호두조림

008
두뇌를 좋게하는 음식

## 재료 준비 Source

호두 1컵, 물 2/3컵, 물엿 1큰술, 가루간장 1/2큰술

## 만드는 법 Recipe

1 호두는 따뜻한 물에 넣어 불린다. 2 젓가락을 넣어 속껍질을 벗겨낸다. 3 냄비에 호두만 넣고 살짝 볶는다. 4 호두에 물과 가루간장을 넣고 조린다. 5 물엿을 넣고 한번 더 조린다.

COOK

2

# 두뇌에 좋은 무기질이 (칼슘, 철분, 아연) 풍부한 음식

**통신역할을 하는 칼슘(calcium)** - 칼슘은 우리 몸속에 가장 많이 들어 있는 미네랄로, 성인 체중의 약 1.5%가 칼슘이다. 체내 칼슘의 99%는 뼈와 치아가 되고, 나머지 1%가 근육이나 혈액, 신경세포 안에 존재한다. 신경세포 안에서 칼슘은 자극을 전달하는 통신역할을 담당하고, 신경의 흥분을 억누르는 작용을 한다. 따라서 칼슘이 부족하면 뇌신경세포의 신호가 전달되는 통신기능이 저하되고, 신경작용이 둔해져서 초조함을 나타낸다. 그러므로 자라나는 아이들에게 양질의 칼슘을 충분히 공급해 주자.

**미량무기질 뇌에 산소공급을 도와주는 철(Iron, Fe)** - 철은 미토콘드리아의 전자전달계에 관여하는 효소의 구성성분으로 에너지 대사에 관여하여 지질대사에 관여하는 물질인 카르니틴과 세포막의 구성물질인 콜라겐의 합성등에 관여한다. 이외에도 정상적인 면역기능을 유지하는데 필요하고 신경전달 물질의 합성에도 관여하한다.

**키 크고 머리 좋은 아이로 만드는 아연(Zine)** - 아이들이 정상적인 성장을 위해 충분한 아연섭취는 무척 중요하다. 만일 아연 섭취가 제대로 이뤄지지 않으면 우선 면역세포 수가 감소되어 감기 같은 사소한 질병에 잘 걸리고 단백질과 콜라겐의 합성에 장애를 일으켜 키가 크지 않고, 상처의 회복이 지연되며 미각과 후각이 떨어져 식욕이 감소되어 편식의 원인이 되기도 하며, 모든 감각 기관의 과민을 초래하고 집중력과 기억력 역시 저하시킨다.

두뇌에 좋은 무기질이 풍부한 음식

# 고구마·감자 매쉬

001
두뇌를 좋게하는 음식

## 재료 준비 Source

고구마 1개, 감자 1개, 시금치 50g, 당근 50g, 캐슈넛가루 1큰술, 소금 1/2작은술

## 만드는 법 Recipe

1 고구마와 감자를 찜통에 푹 찐다. 2 푹 쪄진 고구마와 감자는 뜨거울때 곱게 으깬다. 3 당근은 잘게 다진 후 물을 약간 넣어 살짝 볶아 놓는다. 4 시금치는 뜨거운 물에 데친 후 잘게 다진다. 5 으깨진 고구마 감자에 당근, 시금치, 캐슈넛가루, 소금을 넣고 섞는다. 6 모양틀에 넣어 찍어낸 후 접시에 담는다.

두뇌에 좋은 무기질이 풍부한 음식

# 견과바

002
두뇌를 좋게하는 음식

## 재료 준비 Source

호박씨, 해바라기씨, 땅콩, 피칸, 아몬드, 오트밀, 건포도 각1/4컵씩, 조청 2큰술, 생강가루 1/2작은술, 소금 1/2작은술

## 만드는 법 Recipe

1 오트밀은 후라이팬에 노릇하게 볶아 놓는다. 2 각종씨앗은 씻어서 후라이팬에 넣어 바삭 바삭하게 볶는다. 3 냄비에 조청을 넣고 끓인다. 4 각종 씨앗과 건포도, 오트밀에 조청, 생강가루, 소금을 넣고 버무린다. 5 먹기좋은 크기로 자른다.

두뇌에 좋은 무기질이 풍부한 음식

# 참깨 찹쌀떡

003
두뇌를 좋게하는 음식

## 재료 준비 Source

현미찹쌀가루 2컵, 참깨 1/2컵, 시럽 2큰술, 소금 약간

## 만드는 법 Recipe

1 현미찹쌀을 빻을 때 소금을 넣고 빻는다. 2 현미찹쌀가루가 손에 묻지 않을 정도로 물을 넣고 동그랗게 만든다. 3 냄비에 물이 끓으면 떡 덩어리를 넣는다. 4 떡이 떠오르면 찬물에 담근다. 5 떡을 체로 건진 후 참깨에 넣어 굴려낸다. 6 먹기 직전 시럽을 뿌린다.

두뇌에 좋은 무기질이 풍부한 음식

# 도토리 · 버섯 국수

004
두뇌를 좋게하는 음식

## 재료 준비 Source

양파 1/3개, 무 작은것 1/2개, 표고버섯 30g, 도토리국수 30g, 파 1/3뿌리, 파래김 1/4장, 가루간장 1작은술

## 만드는 법 Recipe

1 양파, 무, 버섯을 넣고 약한 불에 오래 달궈 국물이 우러나게 한다. 2 도토리국수를 삶아서 찬물에 씻어 건진다. 3 김을 구워 잘게 부셔놓는다. 4 파는 잘게 다져 놓는다. 5 건더기는 건져내고 우러난 국물이 펄펄 끓으면 국수를 넣고 가루간장, 다진파, 파래김을 넣는다.

두뇌에 좋은 무기질이 풍부한 음식

# 호박씨 와플

005

두뇌를 좋게하는 음식

## 재료 준비 Source

통밀가루 2컵, 현미찹쌀가루 1/2컵, 호박씨 1컵, 건포도 1/2컵, 물 2컵, 소금 1작은술

## 만드는 법 Recipe

1 호박씨를 씻어 놓는다 2 통밀가루, 현미찹쌀가루, 호박씨, 건포도, 물, 소금을 넣고 반죽을 한다.
3 달구어진 와플기에 넣어 10분간 굽는다.

두뇌에 좋은 무기질이 풍부한 음식

# 취나물 무침

006
두뇌를 좋게하는 음식

## 재료 준비 Source

취나물70g, 잣 1큰술, 실파 2뿌리, 소금 1작은술

## 만드는 법 Recipe

1 취나물의 억센 줄기 부분을 제거한 후 깨끗이 씻는다. 2 끓는 물에 소금을 약간 넣어 데친다. 3 찬물에 헹궈 물기를 짠다. 4 실파는 송송 썬다. 5 데친 취나물에 잣, 실파, 소금을 넣어 무친다.

두뇌에 좋은 무기질이 풍부한 음식

# 시금치 겉절이 무침

007
두뇌를 좋게하는 음식

## 재료 준비 Source

시금치 200g, 호두 2큰술, 토마토 1/2개, 소금, 레몬, 꿀

## 만드는 법 Recipe

1 시금치는 잘 다듬고 깨끗이 씻어 바구니에 건져놓는다. 2 호두는 껍질을 벗겨 절구에 살짝 찧는다. 3 토마토는 강판에 간다. 4 모든 재료와 소금, 레몬즙, 꿀을 넣고 잘 섞는다.

두뇌에 좋은 무기질이 풍부한 음식

# 쑥송편

008
두뇌를 좋게하는 음식

## 재료 준비 Source

녹말가루 3컵, 물 3 1/2컵, 쑥가루 1/2컵, 꿀 1큰술, 올리브유 1큰술, 팥앙금 1컵, 소금 약간

## 만드는 법 Recipe

1 압력솥에 팥을 30분 정도 삶아 물기를 날려버리고 으깬다. 2 으깬 팥에 꿀과 소금을 넣고 잘 섞는다. 3 녹말가루에 분량의 끓는 물과 쑥가루를 넣고 주걱으로 저어가며 반죽을 한다. 4 반죽을 한덩어리씩 떼어내어 속에 팥을 넣는다. 5 찜솥에서 30분정도 쪄낸다.

COOK

3

# 두뇌에 좋은 비타민이 풍부한 음식

## 피로와 무기력을 없애주고 기억력을 돕는 비타민!

효소의 생산을 돕는 비타민을 충분히 섭취하자. 비타민은 신체 내에서 자체적으로 생산할 수 없기 때문에 음식물을 통해 섭취해야 한다. 비타민은 효소의 생산을 돕는데, 효소는 음식 소화부터 신경전달물질 생산에 이르기까지 신체에서 다양한 기능을 한다. 특히 비타민 B복합체라 불리는 비타민군이 특히 뇌에 필요한데, 이를 섭취하지 않으면 쉽게 피로와 무기력을 느끼며 정신 집중에 어려움을 겪는다. 그러므로 비타민이 풍부한 음식을 섭취하면 공부를 잘 하는 데 도움이 된다.

비타민이 풍부한 음식

# 팽이버섯 국

001

두뇌를 좋게하는 음식

## 재료 준비 Source

팽이버섯 1봉지, 무 1/4개, 양파 1/2개, 다시마 작은것 반장, 파 1개, 마늘, 생강 각 1쪽씩, 들깨가루 1 1/2큰술, 가루간장 1큰술, 소금 1작은술, 물 4컵

## 만드는 법 Recipe

1 냄비에 물 4컵, 무, 양파, 다시마를 넣고 약한 불에서 1시간 정도 끓인다. 2 건더기는 건져 버리고 국물만 체에 걸러 놓는다. 3 팽이버섯은 뿌리쪽을 자르고 깨끗이 씻어 놓는다. 4 파는 동글썰기로 썰어놓고 마늘, 생강은 곱게 다져 놓는다. 5 ②번 국물에 팽이버섯, 들깨가루, 가루간장, 소금을 넣고 10분간 끓인다. 6 마늘, 생강을 넣고 한소끔 더 끓인다. 7 마지막으로 파를 넣는다.

# 콩나물국

002
두뇌를 좋게하는 음식

## 재료 준비 Source

콩나물 150g, 대파 1/2대, 야채다시물 3컵, 다진 마늘 1큰술

## 만드는 법 Recipe

1 콩나물은 꼬리를 다듬는다. 2 대파는 어슷 썰어둔다 . 3 버섯, 양파, 무를 우려낸 다시물을 냄비에 붓고 손질한 콩나물을 넣는다. 4 뚜껑을 덮어 12분 정도 끓여서 콩나물이 익으면 대파와 다진 마늘을 넣는다.

### 콩나물 키우기

1. 콩나물 콩을 6~8시간 정도 물에 담가둔다.
2. 물에 적신 키친타월이나 탈지면을 유리 용기 위에 깔고 불린 씨앗을 한두겹 정도 촘촘히 뿌린다.
3. 따뜻한 곳에 놓고 신문지로 덮어둔다(아침저녁으로 물을 준다).
4. 싹이 트면 신문지를 벗긴다.
5. 물이 빠지는 용기에 콩을 담고 색이 바래지 않도록 검은 천으로 덮어 놓는다.
6. 수시로 물을 준다.
7. 상온에서 키우는데 3~5일 정도면 수확할 정도로 자란다.

비타민이 풍부한 음식

# 아스파라거스

003
두뇌를 좋게하는 음식

## 재료 준비 Source

아스파라거스 300g, 자연식 고추장 1큰술, 레몬 1/2작은술, 꿀 1/2작은술

## 만드는 법 Recipe

1 아스파라거스의 딱딱한 껍질은 벗긴다. 2 뜨거운 물에 담갔다 꺼낸다. 3 먹기좋은 크기로 잘라 접시에 담는다. 4 자연식 고추장에 레몬즙과 꿀을 넣어 섞는다.

비타민이 풍부한 음식

# 아보카도 스프

004
두뇌를 좋게하는 음식

## 재료 준비 Source

아보카도 2개, 양파 1/4개, 통밀가루 1큰술, 레몬 1 작은술, 물 1/2컵, 소금 1/2작은술

## 만드는 법 Recipe

1 아보카도는 껍질을 벗긴 후 분량의 물을 붓고 믹서에 간다. 2 양파는 곱게 다져 놓는다. 3 레몬은 즙기를 이용해 짜놓는다. 4 냄비에 통밀가루를 넣고 노릇하게 볶는다. 5 ④번에 양파, 갈아놓은 아보카도를 넣고 한소끔 끓인다. 6 소금과 레몬즙을 넣고 그릇에 담아낸다. 7 맵지 않은 양파를 잘게 다져 스프 위에 올린다.

# 검정 콩빵

## 재료 준비 Source

현미 1컵 반, 현미찹쌀 반컵, 검정콩 1/2컵, 검정쌀 3큰술, 땅콩 3큰술, 꿀 3큰술, 이스트 2작은술, 소금 1작은술, 물 1과 1/4컵

## 만드는 법 Recipe

1 검정쌀과 현미는 6시간 정도 불렸다가 체에 바쳐 물기를 뺀다. 2 분쇄기에 쌀과 땅콩을 넣고 곱게 간다. 3 분량의 물에 모든 재료를 넣고 섞는다. 4 빵틀에 넣어 굽거나 오븐기에 넣어 204°C (400°F) 굽는다.

# 밥풀강정

006
두뇌를 좋게하는 음식

## 재료 준비 Source

튀긴 현미1컵, 튀긴 수수 1컵, 튀긴 보리 1컵, 튀긴 옥수수 1컵, 피칸 1/2컵, 물엿 1/2컵

## 만드는 법 Recipe

1 튀긴 현미, 수수, 보리, 옥수수, 피칸을 섞어 놓는다. 2 넓은 그릇에 물엿을 넣고 끓인다. 3 그릇에 ①번을 넣고 고루 섞는다. 4 식으면 마름모꼴로 자른다.

# 비트 칼국수

## 재료 준비 Source

통밀가루 1컵, 비트물 1/2컵, 무 50g, 양파 50g, 물 3컵, 가루간장 1큰술

## 만드는 법 Recipe

1 무와 양파를 넣고 은근한 불에 끓여 국물을 만든다. 2 통밀가루에 비트를 갈아 체에 바친 물과 소금을 넣고 반죽을 한다. 3 얇게 밀대로 민 다음 돌돌 말아서 짧게 자른다. 4 무와 양파는 건져서 버리고 국물에 국수를 넣고 끓인다. 5 가루간장으로 간을 맞춘다.

# 들깨 수제비

## 재료 준비 Source

통밀가루 1컵, 물 1/3컵, 애호박 작은것 1/4개, 표고버섯 1개, 들깨 2큰술, 소금 1/2 작은술

## 만드는 법 Recipe

1 통밀가루를 체에 2~3회 내려 따뜻한 물과 소금을 넣어 반죽한다. 2 위에 젖은 면보로 덮고 30분간 둔다. 3 애호박은 작게 썰어 놓는다. 4 불린 표고버섯도 작게 썰어 놓는다. 5 들깨는 깨끗이 씻어 볶은 후 분쇄기에 갈아놓는다. 6 끓는 물에 들깨가루를 체에 바쳐 넣는다. 7 밀가루 반죽한 것은 한입 크기로 떼어낸다. 8 끓는 물에 수제비를 넣고 한소끔 끓으면 애호박과 표고버섯을 넣어 끓인다. 9 간을 맞춘 뒤 그릇에 담아낸다.

# 도토리국수

## 재료 준비 Source

도토리국수 1인분, 호박 20g, 가루간장 1큰술,
국물재료 : 다시마 1/2장, 무 1/3개, 양파 1/2개, 버섯 200g, 물 3컵

## 만드는 법 Recipe

1 물이 끓으면 국수를 잘라 넣고 젓가락으로 저어준다. 2 끓어 넘치려하면 찬물 1/2컵을 붓고 한 번 더 끓인다. 3 국수가 다시 끓으면 몇가닥 꺼내어 찬물에 헹궈본다. 4 투명해졌으면 불을 끄고 국수를 찬물에 헹궈 체에 건져낸다. 5 호박은 씻은 후 가늘게 채 썰어 놓는다. 6 버섯, 무, 양파, 다시마를 끓여 다시물을 내고 가루간장을 넣어 간을 한다. 7 그릇에 삶은 국수에 다시물을 붓고 채썬 호박을 올린다.

# 고구마 · 수수 부꾸미

## 재료 준비 Source

수수 5컵, 고구마 2개, 소금 1큰술, 들기름 1/2작은술

## 만드는 법 Recipe

1 수수를 물에 2시간 정도 담가 불린 후 소금을 약간 넣고 가루로 빻는다. 2 빻은 가루는 뜨거운 물로 반죽해 둥글넓적하게 빚는다. 3 고구마는 깨끗이 씻은 후 삶는다. 4 삶은 고구마는 껍질을 벗기지 말고 으깬 후 소금을 넣는다. 5 반죽된 수수에 으깬 고구마를 넣고 반으로 접는다. 6 기름을 넣고 닦아낸 후 부꾸미를 넣어 앞뒤로 지진다.

Part 06

# 두뇌 활동을 활발하게 하는 식품

## 1. 두뇌에 완전영양을 공급해 주는 현미, 통밀과 잡곡류

현미밥을 해 놓고 뚜껑을 열면 거무스레한 색깔이 노려보는 느낌이지만 하얀 백미를 해 놓고 뚜껑을 열면 옥수수 알처럼 가지런한 하얀 이를 드러내 놓고 배시시 웃는 느낌이 든다. 하얗고 깨끗해 보인다는 이유로 아이들로부터 어른에 이르기까지 백미는 사랑을 한 몸에 받고 있으며, 현미는 천대를 받고 있는 형편이다. 그러나 음식은 입으로 먹지 말고 머리로 먹으라는 말이 있다. 아래의 도표를 살펴보고 현미나 잡곡의 영양가가 훨씬 풍성해서 두뇌에 더 완전한 영양을 공급해준다는 사실을 알고 통 곡류를 섭취한다면 새삼 깊은 맛이 담겨져 있는 것을 알게 될 것이다.

**곡류의 영양가 비교(100g당)**

| 식품 \ 영양가 | 열량(Cal) | 당질(g) | 단백질(g) | 지방(g) | 칼슘(g) | 철분(mg) | 티아민(mg) | 니아신(mg) | 섬유질(mg) |
|---|---|---|---|---|---|---|---|---|---|
| 흰쌀 | 371 | 79.6 | 6.8 | 1.0 | 5 | 0.5 | 0.15 | 1.5 | 0.3 |
| 현미 | 368 | 76.8 | 7.2 | 2.5 | 41 | 2.1 | 0.30 | 5.1 | 1.3 |
| 흰밀가루 | 368 | 74.6 | 10.4 | 1.1 | 12 | 1.4 | 0.20 | 1.0 | 0.2 |
| 통밀가루 | 338 | 69.0 | 12.0 | 2.9 | 71 | 3.2 | 0.34 | 5.0 | 2.5 |
| 보리 | 334 | 68.2 | 10.6 | 1.8 | 43 | 5.4 | 0.31 | 5.5 | 2.9 |
| 좁쌀 | 316 | 72.0 | 10.1 | 3.0 | 51 | 2.8 | 0.48 | 1.5 | 2.5 |
| 메밀 | 300 | 61.0 | 10.8 | 2.8 | 42 | 3.1 | 0.32 | 4.1 | 9.0 |
| 수수 | 336 | 69.5 | 10.3 | 4.7 | 9 | 3.0 | 0.35 | 6.0 | 1.7 |

주식으로 현미와 잡곡 등 통 곡류를 섭취하면 백미를 먹을 때 보다 영양이 5배 이상 높은 것으로 나타났으며 현미와 통 곡류에는 각종 살아있는 영양분이 가득 담겨져 있다. 현미 속에는 비타민 $B_1$이 백미보다 9.3배 더 함유되어 있으며, 비타민 $B_6$는 백미의 16.7배나 들어 있기 때문에 단백질을 분해시켜 필수아미노산이 잘 소화 흡수 되도록 돕는다. 만일 비타민 $B_6$가 부

족하면 중간대사 물질인 '크산투렌산' 을 만들어 인슐린 생산을 저해함으로 당뇨병을 유발시킨다. 그뿐만 아니라 비타민 $B_6$는 혈액의 산성화를 방지하며 혈액 속에 용해되어 있는 콜레스테롤, 중성지방, 혈전을 녹이는 혈관의 청소부 역할도 한다. 또한 비타민 E는 백미보다 5배 더 들어있다. 세포내 화학적 반응의 촉매로서 에너지 방출 및 대사에 절대적으로 필요한 영양소이며, 지용성으로 신체의 해로운 화학물질 제거와 세포의 손상을 방지해 준다. 뿐만 아니라 항암물질인 베타 시스테롤은 살아있는 효소로서 쌀눈에 많이 들어있는 것을 알 수 있다.

미국 일리노이 대학 TK 큐레틴 박사의 연구로 밝혀진 옥타토사놀은 근육내 클리코겐의 저장량을 30% 증가시켜 지구력과 순발력을 향상 시킨다.

현미 쌀겨의 식이섬유는 불수용성으로써 장에서 40배로 불어나 지방 찌꺼기, 숙변, 중금속, 발암물질을 흡착하여 배출시키며 혈액내의 포도당 흡수속도를 늦추어 혈당이 급속히 올라가는 것을 막아준다. 식이섬유의 1일 권장량은 25mg인데 현미에는 1000mg이 들어있다.

현미와 잡곡 속에는 식물성 약성분인 파이토케미컬(phytochemicals)이 들어 있어 질병을 예방해 주는데 그 대표적인 것이 이소플라본, 피틴산, 리그난, 페놀 등이다. 특별히 농약으로 오염된 시대일수록 현미의 배아 중에는 '피틴산' 이란 해독물질의 역할이 각광을 받고 있다. 화학비료와 농약의 사용으로 생산비는 높아지고 농토는 산성화되고 토양은 척박해졌다. 거기에 다시 농약의 중독 문제까지 걱정하게 된 것이 오늘의 현실이다. 하지만 현미의 배아 속에 함유된 해독물질 피트산은 각종 농약의 독을 해독해주는 기능을 가지고 있다. 현미의 씨눈에는 철분이 들어있으나 피트산이 함께 들어 있어 철분의 과다 흡수 문제를 해결해 준다. 피트산은 과잉의 철분을 불용물질로 만들어 인체 밖으로 배출시킨다.

**현미밥을 맛있게 조리하는 방법**

현미가 제 아무리 영양이 많고 우리 몸에 이롭고 두뇌에 좋다고 해도 아이들이 거무스름하다는 이유로 먹지 않으면 소용없는 일이다. 주부들은 현미밥을 맛있게 조리하기 위해서 노력해야 한다. 현미 쌀 2컵, 현미찹쌀 1/2컵, 팥 1/2컵을 섞어서 미리 물에 불려 놓았다가 밥을 지으면 부드럽고 맛있는 현미밥을 먹을 수 있다.

### 자율신경을 활발히 하여 뇌세포 대사기능을 촉진해 주는 발아현미

발아현미에는 두뇌 집중력을 강화시켜주는 감마 아미노부틸산(GABA), 콜레스테롤을 억제하는 감마 오리자놀(r-oryzanol), 지방질 대사를 도와 비만을 억제하는 이노시톨(Inositol) 등이 많이 함유되어 있다. 발아현미는 백미보다 칼슘이 8배나 많고, 감마오리자놀성분은 일반현미보다 12~20배가량 높다. 감마오리자놀은 신경전달물질로 뇌 혈류를 활발히 하여 산소공급을 증가시키고 미네랄의 대사기능을 높여준다. 발아현미는 현미에 적정한 수분과 온도, 산소를 공급해 싹을 틔운 쌀로 현미의 영양과 가능을 극대화시키면서 단점은 극복한 쌀이다. 먹기에 좋을 뿐 아니라 곡류를 발아시키면 전에 없던 새로운 성분이 많이 생겨나 완전히 새로운 효능을 나타내게 되고, 쌀겨층이나 씨눈 부분을 깎지 않고 남긴 현미에는 비타민 $B_1$, $B_2$, 당질, 단백질, 지방질, 광물질, 식이성섬유 등 거의 모든 영양소가 들어 있는데, 발아시킨 현미에는 이런 영양소가 몇 배로 증가하며 생체 이용률도 훨씬 높아진다.

### 발아현미 만드는 법

① 왕겨만 살짝 벗겨내고 갓 찧은 현미를 고른다.

② 현미를 물에 담가 살살 저으며 씻되 싸라기나 덜 여문 쌀들이 물에 뜨면 조리로 떠서 버린다. 이 과정을 3, 4회 정도 되풀이 한다.

③ 씻은 현미는 8~10시간 상온(18도 내외의 물)의 생수나 지하수에 담가 둔다.

④ 불은 현미는 건져서 소쿠리에 담는다. 소쿠리 아래엔 그릇을 대 흘러내리는 물을 받고 위에는 면포(綿布)를 씌워 수분이 사라지지 않도록 한다.

⑤ 하루 정도 지나면 싹이 나기 시작하므로 중간 중간 면포를 들춰 원하는 만큼(2.5mm, 5mm) 싹이 났는지 확인한다.

⑥ 발아된 현미를 두 번 정도 물에 헹군 뒤 1주일 내 먹을 것은 냉장실에, 두고두고 먹을 것은 말린 후 그늘에서 통풍이 잘되는 곳에 보관한다.

## 통밀은 천연 약

매일 먹는 밥이 가끔 지겨울 때, 밀가루 음식은 별미 중의 별미이다. 옛날 통밀을 막 빻은 밀가루는 여름이면 벌레가 나곤 했다. 그러나 요즘에 주로 유통되고 있는 흰밀가루는 오래 두어도 벌레가 나지 않는다. 밀은 가루로 만드는 제분과정에서 보드라운 흰 분말과 검붉은 색을 띠는 거친 밀기울로 나뉘는데 밀기울은 대부분 껍질과 씨눈으로 이루어져 있고 배젖은 대부분 단백질과 녹말로 이루어져 있다. 껍질과 씨눈에는 지방, 비타민, 미네랄, 섬유가 많이 들어 있으나 사료 또는 식품화학의 원료로 이용되며, 사람이 먹는 것은 배젖으로만 이루어진 흰 분말이다. 흰 밀가루를 생산하기 위해서 여러 가지 첨가제가 사용되며 밀가루를 하얗게 만들기 위해서 표백제를 사용한다. 표백제는 정식으로는 소맥분 등 개량제라고 불리며 현재 식품 위생법에서 허가되고 있는 것은 과유산암모늄, 희

석 과산화, 벤조일, 취조산 칼륨, 이산화염소 등이 있다. 흰 밀가루에 곰팡이가 생기지 않도록 사용되는 보존제로서 주로 피로피온산 칼슘이 쓰여진다. 또 유지성분 산화제로 에라솔빈산 나트륨이 사용된다. 이들은 몸 밖으로 배설되지 않고 체내에 축적되어 암을 유발시키거나 암을 증식시키는 발암물질들이다. 밀에는 씨눈과 껍질에 뇌세포의 기능을 원활하게 하는 영양소가 많이 들어 있는데 이 씨눈과 껍질은 모두 깎아 버리고 녹말만 남은 밀가루, 그것도 더 희게 하기 위해서 표백제를 사용한 정백 밀가루는 두뇌기능의 활성화를 위해서 절대로 식탁에 올라와서는 안된다. 수입 밀로 만든 과자, 빵, 국수 등도 두뇌 건강에 유익하지 않다.

농약을 치지 않은 우리 밀에서 나온 밀기울은 천연 약이다. 밀기울은 껍질과 씨눈으로 이루어져 있으며 섬유질이 많아 부드럽지 않을 뿐만 아니라 색깔이 검붉기 때문에 사람들이 기피한다. 그러나 밀기울에는 사람에게 필요한 중요한 영양소들 즉 비타민, 미네랄(칼슘, 철 등), 불포화지방산, 섬유질 등이 많이 들어 있어 건강에도 좋은 식품일 뿐 아니라, 두뇌세포의 활성화를 위해서 매우 좋은 식품이다.

밀가루 없이 식품요리를 한다는 것은 생각하기 어려울 정도로 현대인은 밀가루 음식에 익숙해져 있다. 아이들이 즐겨 먹는 햄버거, 과자, 라면, 만두, 피자 등은 흰 밀가루를 사용하여 만든 것들인 반면 통밀가루로 수제비, 전, 국수, 만두, 빵, 과자, 건빵 등을 만들면 검붉게 보여 어린이들로부터 어른에 이르기까지 별로 좋아하지 않는다. 그러나 보통 동물의 사료나 식품화학의 원료로 이용되는 밀기울은 매우 소중한 성분을 가지고 있으므로 귀한 것이라는 인식을 갖고 먹다 보면 자연의 맛을 알게 되고, 익숙해지면 오히려 더 맛있다는 것을 경험하게 될 것이라고 생각한다.

## 2. 두뇌 건강을 도와주는 대표식품 콩류

많은 것을 암기해야 하는 수험생들에게 좋은 음식이 콩류이다. '내일이 시험인데 다 외울 수 있을까? 오늘 공부한 것이 내일 시험장에서 다 기억이 날까? 하고 걱정하는 수험생들에게 콩 속에 있는 레시틴이 도움이 될 것이다. 기억형성과 학습기능에 중요한 역할을 하는 레시틴을 충분히 섭취하면 건망증이 방지되고 기억력이 향상된다.

아미노산 가운데 인체 내에서 합성되지 않기 때문에 꼭 외부에서 식품과 함께 섭취해주어야 하는 아미노산을 필수 아미노산이라고 한다. 필수 아미노산에는 이소류신, 리신, 페닐알라닌, 트립토판, 류신, 메티오닌, 트레오닌, 발린 등 8가지가 있다. 만일 필수아미노산 중 단 하나만 부족해도 신체에는 필요한 단백질을 합성할 수가 없다. 예를 들어 8개의 알파벳으로 구성된 언어에 있어서 그 중 한 두 개의 알파벳이 없이 글자를 만들 때 많은 단어들이 형성될 수 없는 이치와 똑같이 필수 아미노산은 단 하나만 부족해도 우리 몸에 필요한 단백질들을 합성할 수 없기 때문에 심각한 문제가 발생한다. 두뇌의 회전을 빠르게 해주기 위해서는 신경전달 물질을 만드는 재료인 단백질, 그 중에서도 단백질을 합성하는데 꼭 필요한 필수 아미노산을 골고루, 균형지게 식품을 통해서 섭취해 주어야 한다.

콩이 건강에 좋다는 것은 이미 잘 알려진 사실이다. 당초 콩에 대한 관심은 높은 단백질 함유량에만 집중됐다. 육류부족으로 단백질 섭취가 모자랐던 시절에 콩은 훌륭한 대체식품이었다. 그러나 최근 들어 콩에 함유된 갖가지 미량성분의 효용성이 알려지면서 건강식품으로서 콩의 효능이 새롭게 조명 받고 있다.

콩의 종류를 살펴보면 50여 가지가 있는데 즐겨 먹는 콩들은 완두콩, 청태, 강낭콩, 검정콩, 작두

콩, 서리태, 울타리콩, 쥐눈이콩, 대두(노란콩), 밤콩 등이 있다.
가장 쉽게 그리고 다양한 요리를 할 수 있는 콩을 먹으면 왜 머리가 좋아지는 것일까? 그것은 DHA와 연관이 있다. DHA는 지방산의 일종으로 동일한 학습조건에서 DHA를 섭취하게 되면 DHA분자 구조의 유연성 때문에 뇌세포가 부드러워지면서 활성화되어 정보전달이 쉽게 이루어진다. 콩은 이 DHA를 이상적으로 합성할 수 있는 최적의 음식으로 알려져 있다. 콩을 꾸준히 먹게 되면 자라나는 청소년들의 대뇌발달에 필요한 필수지방산이 잘 공급된다는 것이다.

### 단백질과 어린이의 뇌 발달

어린 시절에 적절한 영양을 섭취하는 것이 뇌 발달에 매우 중요하다. 특히 생후 2년간은 새로운 신경세포들이 생기며, 자리를 찾고 구조적으로 안정을 이루어가는 시기이기 때문에 적절한 영양 공급은 아주 중요하다. 아이들의 초기 인지 발달에 부정적인 영향을 미치는 가장 흔한 영양 결핍은 단백질과 철분, 그리고 요오드의 부족이다. 특별히 성장하는 어린 시절에 모든 조직의 재료가 되는 단백질 공급이 부족하면 심각한 문제들이 발생할 수 있다.
영양이 부족한 아이들을 대상으로 한 실험에서 단백질을 추가적으로 공급받은 아이들은 공급 받지 못한 아이들에 비해 장기적으로 우수한 인지 능력을 획득하였다. 능력 향상은 청소년기, 성인기까지 지속되었으며 나이가 먹을수록 양쪽 집단의 능력 차이는 더욱 커졌다. 어릴 때의 균형진 식사는 성인기의 식사보다 훨씬 더 중요하다는 것을 알게 된다.

### 감정을 조절해 주는 아미노산

아미노산 중에서도 티로신과 트립토판은 감정을 조절해주는데 중요한 역할을 한다. 감정과 뇌는 깊이 연관되어 있는데 만일 감정에 사로 잡혀 있다면 머리를 충분히 활용할 수 없다. 주체하기 어려운 감정이 있다면 식생활을 점검해야 할 것이다. 분명히 감정 컨트롤이 가능해질 것이다. 특별히 난폭하고 참을성이 없는 어린이들에게 티로신과 트립토판이 함유된 단백질 식품을 제공할 때 많은 도움을 받을 수 있을 것이다.

티로신과 트립토판이 많이 함유되어 있는 식품으로는 대두를 꼽을 수 있겠다. 이외에도 땅콩, 아몬드 등에 많이 함유되어 있어 신경 안정 효과가 있다고 알려져 있다.

## 채식식단과 필수 아미노산 결핍문제

식물성 단백질만 섭취하면 필수아미노산이 부족하여 심각한 영양결핍이 온다고 우려하는 사람들이 있다. 그러나 이러한 우려는 고기를 먹인 그룹의 쥐와 쌀이나 밀 등 한 가지 곡류만 먹인 쥐를 비교한 편협적인 실험의 결과에서 나온 것이다. 물론 한 종류씩만 편식을 하게 했을 때 고기 속에는 모든 필수 아미노산이 함유되어 있기 때문에 단기적으로 고기를 먹은 쥐는 건강에 문제가 없었을 것이고, 한 종류의 곡식만 먹은 쥐는 당연히 필수 아미노산이 부족하여 영양결핍에 걸렸을 것이다.

그러나 쌀과 콩 등 다양하게 식단을 짜서 채식을 한 쥐는 전체적으로 필수 아미노산을 충분히 공급받을 수 있다. 뿐만 아니라 콜레스테롤이나 포화지방을 섭취하지 않았기 때문에 영양에 전혀 문제가 없을 뿐만 아니라 순환기 질환에 걸리지 않아 강한 쥐가 된다.

두뇌의 혈액순환을 왕성하게 해주면서 필수 아미노산을 충분히 공급해주기 위해서는 콩류와 곡류를 다양하게 섭취하는 것이 도움이 된다.

## 머리 좋은 아이 만들어주는 콩 속의 영양소 '콜린'

몇 년 전에 세계적으로 유명한 과학 잡지 '네이처' 지에 '콜린을 많이 먹인 쥐는 기억력이 좋아지고 두뇌가 발달하면서 천재 쥐가 되었다' 는 기사가 나왔다. 2004년 3월에는 '콜린을 많이 섭취할 경우 머릿속의 뇌 줄기세포가 증가하면서 기억력 등 뇌 기능이 좋아 진다' 는 결과가 미국 노스캐롤라이나 대학과 일본 연구팀에 의해 확인됐다.

'천재의 아들은 천재가 아니다. 콜린을 많이 섭취한 아이가 천재가 된다.' 아이를 둔 부모라면 눈이 번쩍 뜨일 이야기가 아닐 수 없다. 콜린은 아미노산의 일종으로 엄마 뱃속에 있을 때부터 죽을 때까지 우리의 뇌를 보호하는 물질이다. 또 뇌 세포에서 다양한 활동을 하는 기억력 신경전달 물질인 아세틸콜린을 합성하고 뇌에 해를 끼치는 호모시스테인을 분해하는 작용을 한다. 이 콜린이 들어 있는 음식을 많이 먹으면 해마가 발달하고 더불어 뇌의 유전자에도 영향을 미친다.

자라나는 아이들을 후천적 천재로 기를 수 있는 콜린은 콩과 깨에 많이 함유되어 있다. 콩에는 비타민과 무기질이 고기 보다 월등히 많으며, 특히 칼슘과 티아민이 많다. 콩 속의 비타민 E는 피의 흐름을 좋게 하여 뇌에 영양을 공급해주며, 뇌세포의 노화방지에도 효과적이다. 또한 콩에 함유된 레시틴은 기억형성과 학습기능에 중요한 역할을 담당하는 물질인 아세틸콜린의 재료로 사용된다. 뿐만 아니라 '밭에서 나는 쇠고기' 라 불릴 정도로 콩에는 단백질이 풍부할 뿐 아니라, 비타민 B, 비타민 E 등도 풍부하게 들어 있다.

단백질이 부족하면 체력이 약해지고 의욕이 떨어지며, 뇌의 신경세포가 줄어들어 두뇌활동이 저하된다. 따라서 두뇌 활동 촉진과 체력 향상을 위해서는 콩을 이용한 요리를 해주는 것이 좋다.

### 콩과 궁합이 맞는 식품

쌀에는 필수아미노산인 리신이 적고 메치오닌이 많은 편이다. 이에 비해 콩에는 단백질과 리신이 많지만 메치오닌이 상대적으로 적은 편이다. 이러한 이유로 쌀과 콩 제품을 합치면 우리 몸에 필요한 필수 아미노산을 종합적으로 얻을 수 있어 단백질의 질이 더 높아지며 쌀과 함께 콩을 섞어서 주식으로 먹으면 두뇌세포를 만드는 재료인 필수 아미노산이 완전하게 공급될 뿐만 아니라 두뇌 세포의 에너지원인 탄수화물이 충분히 공급될 수 있기 때문에 원활한 두뇌활동을 위해서 아주 이상적인 식사라 할 수 있겠다. 콩에 함유된 사포닌은 항암효과와 과산화지방을 막아주는 성분이지만 체내에 들어오면 요오드를 몸 밖으로 배출하는 단점이 있다. 그러므로 부족하기 쉬운 요오드와 균형을 맞춰주기 위해서는 콩을 먹을 때 다시마와 함께 먹으면 좋다.

### 최고로 우수한 양질의 단백질로 판명된 콩

콩이 최고로 우수한 양질의 단백질이라는 사실이 미국식품의약국 FDA(Food and Drug Administration)에서 발표되었다. "PDCAAS" 라는 단백질 점수에서 콩단백질은 1.00만점을 받아 달걀, 우유 등과 동등한 완전

단백질로 평가를 받았다. 또한 100g당 단백질 함유량이 쇠고기는 21g, 달걀은 12g, 우유는 3.2g인데 비하여 콩은 36.2g이나 되어서 질적으로 뿐만 아니라 양적으로도 가장 우수한 단백질임이 판명되었다.

## 3. 아이의 성적을 올려주는 채소류

최근의 연구결과들은 채소의 섭취 횟수가 많을수록 아이의 두뇌가 발달하고, 채소를 많이 먹는 아이들일수록 성적이 더 좋은 것을 보여주고 있다. 왜 채소를 먹으면 머리가 좋아질까?
첫째로, 채소를 많이 먹는 사람들은 일일 에너지 총섭취량 중에서 상대적

으로 육식의 양이 적은 데서 오는 효과 때문이다. 육식을 하면 콜레스테롤과 지질이 높아져서 동맥경화증이 오고 피가 탁해져 뇌세포로 흐르는 혈액순환이 원활하게 되지 않기 때문에 뇌기능이 둔해질 수 있다. 그러나 채식을 하면 상대적으로 콜레스테롤이 적고 피가 맑아 뇌세포로 흐르는 혈액순환이 원활하여 뇌기능이 증가하여 머리가 좋아진다.

둘째로, 채소 속에 풍성하게 함유된 비타민 B군의 기능에서 오는 효과 때문이다. 채소 속에 들어 있는 비타민 B군이 뇌의 피로를 감소시키고 신경조직을 활성화시키는 역할을 한다. 비타민 B군이 부족하면 성격이 급해지고 기억력이 떨어진다.

비타민 B군과 미네랄은 화학반응을 일으켜 포도당을 에너지로 바꾸어준다. 이들 영양소가 부족하면 뇌 활동에 필요한 에너지가 모자라게 되어 뇌의 기능을 제대로 할 수 없게 되는 것이다. 성장기의 아이들이나 수험생들에게는 채소를 많이 먹도록 하여 비타민 B군을 충분히 공급해주면 뇌세포에서 에너지 대사가 잘 진행되어 머리가 좋아질 수 있다.

셋째로, 채소 속에 풍성하게 함유된 각종 비타민 및 파이토케미컬의 항산화력 효과 때문이다. 채소를 많이 먹으면 뇌세포에서 발생하는 활성산소를 효과적으로 제거해 주어 뇌세포의 기능이 원활하게 작동할 수 있기 때문에 머리가 좋아질 수 있다.

### 채소는 어떻게 먹어야 좋은가?

짜게 절이고, 맵고 진하게 양념을 해서 먹으면 위장이 크게 상할 뿐 아니라, 많이 먹을 수 없기 때문에 채소 부족증이 생긴다. 즉 비타민 A와 비타민 C, 그리고 다른 비타민과 무기질 등 영양소와 섬유질이 부족하게 섭취되어 질병이 예방되지 못하고 건강을 크게 해치게 된다. 그러므로 채소는 싱겁게 양념해서 많이 먹도록 하고, 비타민 종류는 일반적으로 열에 약하므로 가능하면 날 것으로 먹는 것과 채소의 싹을 틔워서 섭취 하면 더욱 좋다.

### 싹 틔운 채소가 건강에 더 좋은 이유

새싹채소라는 단어는 생소하지만 사실 오래전부터 우리가 즐겨 먹던 콩나물, 숙주나물, 무순 등이 모두 새싹채소로 요즘은 메밀싹, 알파파싹, 브로콜리싹, 적양배추싹, 다채싹 등 시중에서 구할 수 있는 새싹채소 종류가 무척 다양해졌다. 갓 나온 새싹은 부드럽고 싱싱해 맛도 좋고 영양가도 높다. 특히 무공해 식품이라 가족의 건강을 생각하는 주부들에게 인기를 모으고 있다. 새싹채소가 좋은 이유는, 식물은 새싹이 돋아나는 시기에 성장력이 가장 왕성한데 그 이유는 필요한 에너지를 내기 위해 다량의 영양소를 만들기 때문이다.

싹이 트기 전 식물들은 단백질과 지방, 소량의 무기질 등으로 구성되어 있지만 발아할 때 단백질은 아미노산으로, 지방은 필수 지방산으로 바뀌며, 칼슘이나 철, 인, 마그네슘, 칼륨 같은 무기질도 늘어난다. 발아된 후 6~7일 정도 지난 싹에는 어른 채소에 비해 비타민과 무기질 성분이 10~20배 가량 함유돼 있다. 또한 발아 후 5~10일 사이에 효소와 미네랄, 비타민이 특히 풍부하다.

새싹채소는 재배 기간이 짧아 화학 비료 없이도 잘 자라는 무공해 식품으로 비타민과 무기질 등 각종 영양소 함유량이 다 자란 채소보다 훨씬 높다. 새싹채소는 발아한 뒤 보통 일주일 내외로, 싹이 나서 잎이 1~3개쯤 달렸을 때 따서 먹는 것이 좋은데 익히는 것보다는 생으로 샐러드나 주스에 이용하거나 살짝 데쳐 먹는 것이 영양소의 파괴를 줄일 수 있는 섭취방법이다. 특유의 향이 입맛을 돋우는 효과가 있어 식욕이 떨어진 사람들에게 좋다.

### 새싹 채소 키우는 방법

1. 새싹 재배용 씨앗을 6~8시간 정도 물에 담가둔다.
2. 물에 적신 키친타월이나 탈지면을 유리용기 위에 깔고 불린 씨앗을 한두 겹 정도 촘촘히 뿌린다.
3. 따뜻한 곳에 놓고 신문지로 덮어둔다.(아침저녁으로 물을 준다)
4. 싹이 트면 신문지를 벗기고 상온에서 키우는데 3~5일 정도면 수확할 정도로 자란다.

## 피를 맑게 해주는 가지

가지에 들어있는 당질이나 인, 지방, 비타민 A, 단백질, 회분, 철분, 칼슘 등의 영양소는 이뇨작용을 촉진하고 간장과 췌장의 기능을 향상시킨다. 또 가지색을 내는 안토시안계의 나스딘과 히야신은 지방질을 잘 흡수하고, 노폐물을 제거하는 성질이 있어 피를 맑게 해준다. 피가 맑아지면 뇌세포에 흐르는 혈액순환이 원활하게 되어 뇌세포의 기능이 증가될 수 있다. 가지는 빛깔이 선명하고 가지 꼭지의 흰 부분이 많은 것이 좋지만 목소리를 상하게 할 수도 있기 때문에 오래 많이 먹으면 좋지 않다. 또 가지를 기름에 볶아 먹으면 칼로리 공급을 쉽게 할 수 있다.

## 두뇌와 신경계를 보호하는 토마토

토마토의 붉은색은 라이코펜이라 불리는 피토케미컬에서 유래한 것이다. 토마토를 영국 사람들은 '사랑의 사과' 라고 하며 이탈리아에서는 '황금의 사과' 라고 한다. 붉은 라이코펜의 항산화력이 전립선 암을 효과적으로 예방해준다는 하버드대학의 연구결과가 토마토가 '사랑의 사과' 라고 불려질만한 근거를 가지고 있음을 입증해 주었다. 토마토를 먹으면 전립선이 강해지고, 전립선이 강해지면 남성들의 사랑이 풍성해지기 때문이다.

라이코펜은 두뇌와 신경계를 보호하는 강력한 항산화제이다. 또한 토마토는 두뇌능력을 향상시키고 신경전달물질을 생성하는 다양한 미네랄과 비타민 B군을 함유하고 있어 수험생들에게 아주 좋은 채소이다. 토마토의 신맛을 내는 사과산과 구연산, 카로틴, 비타민 B, $B_2$ 등이 피로회복제 역할을 하기도 한다.

### 신경정보의 전달을 촉진하는 고추

고추는 비타민 C와 비타민 A의 전신인 베타 카로틴같은 산화방지제를 다량 함유하고 있다. 또한 신경 정보의 전달을 촉진하는 나트륨과 칼륨같은 미네랄도 함유하고 있다. 풋고추에는 비타민 A, B, C 등 다량의 비타민이 들어 있어 피로회복에도 좋다. 특히 비타민 C는 감귤의 9배, 사과의 18배나 된다. 그 외에도 고추에는 루테인, 베타카로틴, 무기질 등이 풍부하게 들어 있다. 빨간 고추의 매운 맛을 내는 캡사이신은 혈액순환을 촉진해주는 효과가 있지만, 지나치게 먹으면 위장을 자극하여 위 점막을 손상시키고 설사를 일으키거나 간장 기능을 떨어뜨릴 수 있으므로 주의해야 한다. 고추씨에는 지방분이 많아 고추를 빻을 때 씨까지 빻는 것이 좋다. 고추씨에 있는 리놀산은 혈중 콜레스테롤을 저하시키며 비만 예방에 좋지만, 많이 먹으면 위와 장을 자극하여 설사를 하게 되고 간장 기능이 상하게 된다.

### 뇌혈관의 혈액순환을 원활하게 해주는 피망

여름 채소의 왕자라고 불리는 피망은 프랑스어이며 미국에서는 스위트 페퍼라고 한다. 피망은 비타민 캡슐이라고 불릴 만큼 A, C, E 등 다양한 비타민이 풍부하게 들어있다. 또한 피망에 가장 많이 함유되어 있는 비타민C는 우리 피부의 멜라닌 색소의 생성을 방해함으로써 기미, 주근깨를 방지해준다. 피망은 비타민 C가 100g당 170mg으로 채소 중에서 가장 많이 들어

있어서 이것 1개만 먹어도 성인이 필요로 하는 일일량의 비타민 C가 모두 보충된다.

피망에 있는 비타민 C는, 다른 비타민 C와는 달리, 가열해도 잘 파괴되지 않기 때문에 푸른색 상태로 생으로 먹는 것보다 볶아서 먹으면 양도 충분히 섭취할 수가 있다. 하지만 너무 장시간 가열하면 색과 씹는 맛이 좋지 않게 되므로 강한 불에서 잠깐 볶는 정도로 조리하는 것이 좋다.

피망은 기름성분과 궁합이 잘 맞아 견과류(땅콩, 호두, 잣)와 함께 먹으면 거친 피부, 스트레스, 담배를 많이 피우는 사람에게 좋으며 이때 비타민 A 섭취도 고르게 할 수 있는 장점이 있다. 피망은 콜레스테롤을 제거하는 효과가 뛰어나고 식이섬유가 풍부하여 동맥경화에 효율적으로 작용한다.피망이 완전히 익으면 색깔이 새빨갛게 변하는데 여기에는 베타카로틴의 함량이 익지 않은 피망의 100배나 된다. 이러한 피망은 신진대사를 촉진하고 피부를 윤택하게 하므로 주름살을 감소시키는 효능이 있다. 유기농 피망을 생주스로 갈아 마시면 더욱 좋은데 여기에 기호에 따라 벌꿀을 넣어 마시면 피로회복 등 많은 도움을 받을 수 있다.

## 콜레스테롤을 제거해주는 감자

감자의 성분은 대부분 녹말이지만 비타민 $B_1$, $B_2$, C, 판토텐산, 칼륨도 많이 들어 있다. 그중에서도 특히 주목받는 것은 비타민 C이다. 비타민 C는 스트레스를 줄이고 감기에 대한 면역성을 높이며 철분 흡수 촉진, 콜레스테롤 감소, 바이러스성 간염 억제, 발암물질의 생성 억제 등 다양한 효능을 발휘한다. 비타민 C는 열에 약하지만 감자의 비타민 C는 전분 입자로 싸여 있어 익혀도 손실이 적은 것이 특징이다.

감자는 피부병을 예방하고 알레르기 체질 개선에 탁월

한 효과가 있다. 최근에는 감자에 항암 효과가 있다는 연구 결과가 발표되어 관심을 불러일으키고 있다. 감자는 비타민 C가 풍부해 스트레스로 인한 피로를 풀며 우리 몸을 스트레스로부터 지키는 부신피질 호르몬의 생성을 촉진한다. 또한 뇌의 작용을 돕는 비타민 $B_1$이 많아 불안, 초조 등 심리적인 스트레스에 시달리는 사람에게 좋다. 감자에는 점막을 강화시키는 성분이 들어 있어 위의 기능이 약하거나 위염, 위궤양, 십이지장궤양 등으로 고생하는 사람들이 먹으면 좋다. 특히 감자 생즙에 들어 있는 '알기닌' 은 위벽에 막을 만들어 위를 보호하기 때문에 위장 질환을 치료, 예방한다. 또한 신선한 감자즙에는 진정작용을 하는 '아트로핀' 이 들어 있어 위 · 십이지장궤양 등의 통증을 줄인다.

감자는 칼륨의 함유량이 밥의 16배나 되는데 칼륨은 염분의 성분인 나트륨을 배출하는 작용을 하기 때문에 소금으로 인한 가벼운 고혈압을 예방, 치료할 수 있다. 아울러 칼륨은 현기증을 치료하고 소변을 잘 보게 해 부기를 빼는 효과도 있다. 감자에 들어 있는 사포닌은 기침 감기를 치료할 뿐만 아니라 콜레스테롤을 녹여 피를 맑게 한다. 또한 수용성 섬유인 '펙틴' 은 혈중 콜레스테롤의 수치를 낮추는 작용을 하는 것으로 밝혀졌다.

감자를 햇볕에 오래 노출시키거나 오래 보관하면 표면이 초록색으로 변하고 싹이 난다. 바로 이 부분에 솔라닌이라는 독성 물질이 생긴다. 흔히들 감자 싹은 주의하지만 초록색으로 변한 곳은 신경 쓰지 않는 경향이 있는데 이 역시 주의해야 한다. 솔라닌은 구토, 설사 등의 식중독 증세와 면역력 저하를 가져올 수 있으므로 싹과 초록색 부분을 깨끗이 도려내고 먹는 것이 좋다. 싹을 도려낼 때에는 눈 부분이 남지 않도록 해야 한다.

똑같은 감자라고 해도 감자튀김은 2배나 높은 칼로리를 가지고 있다. 뿐만 아니라 대부분의 감자 스낵은 유전자 조작을 의심해 보아야 한다. 감자는 날것 그대로 수입할 수 없기 때문에 가공하여 냉동상태로 수입된다. 아이들이 즐겨먹는 감자스낵의 원료도 유전자 조작 감자가 쓰여졌을 가능성이 높다. 쥐를 대상으로 실험한 결과 유전자 조작 감자를 먹인 쥐의 집단에서 면역기능과 장 기능에 이상이 생긴 것으로 밝혀졌다. 그러므로 감자를 기름에 튀기거나 볶지 말고 특히 튀겨진 스낵을 사지 말고 집에서 찌거나 찌개에 넣어 같이 먹으면 좋다.

## 두뇌의 세포막을 보호하는 비트

비트에는 탄수화물이 풍부하며 혈액을 통한 두뇌의 산소공급에 도움을 주는 철분을 함유하고 있다. 비트의 검붉은 색은 안토시아니딘으로 두뇌의 세포막을 보호하여 신경전달물질에 정보를 잘 받아들일 수 있도록 한다. 안토시아니딘은 매우 강력한 산화방지제로서 유리기의 손상으로부터 두뇌를 보호하는데 비타민 E보다 50배 더 강력한 효과를 발휘한다.

## 뇌혈관의 혈액순환을 증강시키는 쑥

쑥에 들어있는 비타민 A, C는 몸의 저항력을 길러주고, 질병에 대한 예방력을 키워주는데 특히 생리불순이나 복통, 조기유산, 출혈, 냉증 등 부인병에 좋다. 봄부터 음력 단오 이전의 쑥이 약효가 뛰어나며 쑥차는 냉증이 있는 사람에게 최적의 음료이다. 겨울내 얼었던 몸을 풀어주는 데는 쑥국이 좋다. 또 쑥으로 차를 만들어 먹으면 좋은데 쑥차를 꾸준히 마시면 뇌혈관의 혈액순환이 좋아져 두뇌기능이 증강된다.

## 뇌 속의 노폐물을 청소해주는 당근

충분한 숙면을 취했는데도 머리가 안돌아가고, 계속 하품이 나며 정신이 멍한 것은 노폐물이 머릿속에 가득 찼기 때문이다. 이 노폐물을 깨끗이 청소하기 위해서는 녹황색 채소와 물을 충분히 넉어주는 것이 도움이 된다.

당근 1/3 조각이면 하루에 필요한 비타민 A를 충분히 섭취할 수 있다. 당근에 들어 있는 비타민 A는 혈액의 흐름을 좋게하고 변비나 빈혈, 피로회복, 혈압 강하에 도움을 준다. 믹서에 간 당근 주스를 그대로 마시는 것도 좋지만, 카로틴의 흡수 이용율을 높이기 위해 식물성 기름을 같이 먹는 것이 좋다.

### 뇌세포의 노화를 방지해주는 파슬리

파슬리는 접시 위에 장식용으로 등장하는 경우가 많이 있다. 그러나 장식용으로만 사용하기에는 너무나 아까울 정도로 영양이 풍부하다. 파슬리는 칼슘의 함량이 높은 알칼리성 식품으로 무기질과 비타민이 많이 들어 있을 뿐 아니라 철의 함량도 높아 빈혈과 적혈구 구성에 도움을 준다. 특히 비타민 A의 모체가 되는 카로틴의 함량이 높아 파슬리 100g이면 성인이 하루에 필요로 하는 비타민 A를 충족시킬 수 있다. 카로틴의 강력한 항산화작용은 뇌세포의 노화를 방지해 준다. 파슬리를 구입할 때는 잎이 진한 녹색으로 잎자루와 잎맥 사이의 간격이 짧은 것을 선택하는 것이 좋다. 잎 끝이 말랐다거나 너덜한 것은 쓴맛이 나고 오래된 것이다.

### 뇌세포의 에너지 대사를 원활하게 해주는 샐러리

샐러리를 먹어본 사람이라면 독특한 향 때문에 쉽게 접할 수가 없다는 것을 알 수 있을 것이다. 그러나 샐러리는 다른 채소보다 10배 이상의 비타민이 들어있어 반줄기만 먹어도 하루 비타민 $B_1$의 필요량 1/3을 섭취할 수 있다. 풍부한 비타민 $B_1$은 뇌세포의 에너지 대사를 원활하게 해준다. 또한 섬유질이 많아 장의 활동에 유용하며 철분이 많은 것이 특징이다.

### 독성 단백질을 해독하는 무

무의 비타민 A와 C는 열을 내리고 감기를 낫게 한다. 또 기침이나 가래를 없애고, 과식이나 소화불량, 식중독, 각기병, 부종에도 효과를 발휘한다. 무에 들어 있는 리그닌이라는 식물성 섬유는 소화기능을 촉진해 변비를 막고, 담석증이나 동맥경화를 예방한다. 무의 비타민 C는 산화되기 쉬우므로 (무를 갈아먹을 경우) 비타민 C의 파괴를 막으려면 먹기 직전에 갈아야 한다.

또한 무에는 혈중 독성 단백질을 해독해 주는 베타인(Betaine)이 풍부하게 함유되어 있다. 혈관질환자의 혈중에는 단백질 대사과정에서 생기는 독성 단백질의 일종인 호모시스테인(Homocystein)이라는 물질이 있는데, 이는 비단 혈관질환자가 아니더라도 최근 동맥경화를 일으킬 수 있는 물질로 급부상해 주의가 요구되고 있다. 이 독성 물질의 해독을 가속화해주는 것은 베타인(Betaine)으로, 무에 풍부하게 함유되어 있다. 따라서 무는 뇌혈관을 정결하게 해주어 뇌기능을 원활하게 해준다.

### 뇌세포를 산화로부터 보호해주는 브로콜리

최근 들어 문제가 되고 있는 새집증후군에는 브로콜리를 많이 섭취하는 것이 좋다. 새집증후군이란 일종의 화학물질과민증으로, 우리 몸에 들어온 각종 화학물질이나 오염물질을 해독하기 위해서는 연계된 다른 조직의 능력을 향상시키는 인돌(Indole) 합성물이 필요하다. 브로콜리는 바로 이 합성물을 만드는 데 도움을 줄 뿐만 아니라 몸의 기능이 저하되지 않도록 보호하는 역할까지 한다.

브로콜리에는 귤 6~7개에 해당하는 비타민(100g당 약 160mg)이 함유되어 있다. 풍부한 플라보노이드 외에 철, 칼슘, 칼륨과 비타민 C를 다량 함유하고 있으며 두뇌와

신체세포를 산화로부터 보호한다.

### 신경과민에 효과가 있는 상추

상추에는 유리 아미노산인 류신과 발린이 다른 채소에 비해 많으며 리신이나 티로신, 페닐 알라닌, 알라닌도 많은 편이지만 비타민 C는 적고 철이 풍부하다. 철은 뇌세포에 산소를 공급해주는 헤모글로빈을 만드는 재료가 된다. 상추쌈을 많이 먹으면 졸음이 온다고 하는데 이것은 상추에 락튜카리윰이라는 성분이 있어 잠을 오게 하기 때문이다. 상추를 먹으면 이와 같이 신경이 이완되고 휴식을 취할 수 있기 때문에 신경과민에 효과가 있다.

### 수험생들의 스트레스를 해소해주는 콩나물

주부들의 장바구니에 가장 친숙한 것이 콩나물이다. 콩나물은 콩 문화를 가진 우리 민족의 주요 식품이며 저렴한 건강식이다. 일부 몰지각한 사람들이 유해 농약 및 오염된 지하수 등을 사용해 만든 콩나물을 팔아 문제가 되기도 했지만, 콩나물 하나로 주부들에게 신뢰를 받아  큰 기업을 이룬 회사도 있다. 콩나물은 콩이 가지고 있는 온갖 영양소에다 싹이나면서 생기는 비타민 A, 비타민 $B_1$, 비타민 C 등의 비타민과 플라보노이드 성분 및 섬유소가 풍부하다. 아스파라긴산 및 각종 비타민과 아미노산을 충분하게 가지고 있어서 항산화력과 에너지 대사 활성화를 통하여 공부하는 수험생이 스트레스에 민감해지지 않도록 만들어주며 피로회복에도 효과적이다.

### 뇌세포의 기능을 향상시켜주는 부추

부추는 각종 비타민(A, $B_1$, $B_2$, C 등)이 다량 함유된 비타민의 보고이다. 풍부한 비타민은 에너지 대사와 항산화작용으로 뇌세포의 기능을 향상시킨다. 마늘의 알리신과 유사한 성분이 비타민과 함께 상승작용을 하여 강장효과를 내며 스태미나를 증진시킨다. 또 몸을 따뜻하게 하고 장을 튼튼하게 할 뿐 아니라 빈혈이나 변비, 설사에도 좋다.

### 뇌혈관의 혈압을 조절해주는 고구마

고구마에는 뿌리 채소 중 칼륨이 가장 많이 들어 있고 셀룰로오스라는 식물성 섬유도 다량 함유하고 있다. 칼륨은 혈압 상승을 억제할 수 있고 셀룰로오스는 배설을 촉진하는 작용을 한다. 핀토텐산은 식염의 배설을 촉진하고 세라핀 성분은 장내를 청소하는 기능이 있다.

### 신경세포의 자극을 전달해주는 칼슘이 풍부한 배추

배추는 가장 쉽게 필요한 칼슘을 얻을 수 있는 식품이다. 칼슘은 신경세포 안에서 자극을 전달하는 통신역할을 담당하고, 신경의 흥분을 억누르는 작용을 한다. 따라서 칼슘이 부족하면 뇌신경세포의 신호가 전달되는 통신기능이 저하되고, 신경작용이 둔해져서 초조함을 나타낸다.

### 뇌세포의 혈류를 개선해 주는 인삼

인삼에는 사포닌 성분(특히 Rb2)이 함유되어 있어 콜레스테롤의 대사변화를 촉진시키는 효과가 있다. 혈중 콜레스테롤의 함량저하와 배설촉진 효과로 인해서 LDL 콜레스테롤은 감소시키고, HDL 콜레스테롤은 상승시키는 효과가 있다. 또한 대동맥 조직에서 고지혈증으로 야기된 죽종의 형성을 예방하는 효과와 함께 혈관 확장작용, 혈류 순환개선, 혈관내 피세포의 손상을 방어해주는 효과가 있어 뇌세포의 혈류를 개선해 준다.

인삼은 피로회복은 물론 동맥경화 예방에도 효과적이다. 또한 중추신경계에 대한 자극 및 진정작용 효과가 있어 적정량을 복용하면 학습활동과 기억력을 증진시켜준다. 적혈구의 생성을 촉진하여 빈혈에도 효능이 있는 등 다양한 약효 때문에 외국인들에게도 인기 있는 약재다.

### 마음을 안정시키는 생강

생강은 체력증진 및 피로회복에 도움을 주며 마음을 안정시키는 식품으로 위장 운동을 활발하게 하여 소화흡수를 촉진시킨다.

### 신경의 흥분을 가라앉히는 파

파는 비타민 A, C, 칼슘, 칼륨 등이 풍부하게 들어 있다. 파 특유의 냄새는 유화알린의 일종인 알린 때문이다. 알린은 소화액의 분비를 촉진하여 식욕을 증진시킬 뿐만 아니라 피로회복에도 효과적이다. 또 신경의 흥분을 가라앉히는 작용을 한다. 정신적인 피로나 고민으로 흥분이 가라앉지 않는 경우가 있다. 이 때 파를 썰어 냄새를 맡거나 파로 만든 음식을 먹는 것도 좋다. 파에 있는 알린은 비타민 $B_1$과 결합하여 쉽게 흡수되고, 이용도가 높은 새로운 비타민 $B_1$으로 변화시킨다. 비타민 $B_1$이 부족하면 신경질적이 되기 쉽다.

### 악성빈혈과 신경과민 증세에 좋은 호박

호박은 해독작용을 하며 눈의 피로를 예방 개선하는 효과도 있고, 소화 흡수가 잘 되고 장내를 청소하여 배변을 좋게 만들어 기력을 왕성하게 한다. 강력한 항산화제인 베타 카로틴이 충분하게 들어 있다. 철, 마그네슘, 아연, 망간, 인 같은 미네랄과 양질의 단백질이 풍부하게 들어 있다. 호박에는 무엇보다 비타민 $B_{12}$가 들어 있다. 만일 비타민 $B_{12}$가 모자라면 악성빈혈과 신경과민 증세를 초래할 수 있다. 국내 식품영양학 책에도 비타민 B12는 동물성 식품에만 함유되어있다고 쓰여 있으나 스위스의 A 모짜파르 박사는 호박 이외에도 시금치, 보리, 대두콩에서 B12를 발견했는데 유기농으로 재배한 것들에 더 많은 비타민 B12가 들어 있다고 한다. 지금까지 밝혀진 바에 따르면 통밀, 브로콜리, 토마토, 올리브, 무에도 포함되어 있다고 한다.

호박 중에서도 단호박은 맛과 영양이 뛰어나고 탄수화물, 섬유질, 각종비타민과 미네랄이 듬뿍 들어 있어 성장기 어린이와 허약체질에 좋은 영양식이며 주로 비장의 기능을 돕는다. 주요 영양소가 이상적으로 함유되어 있는 건강식품이다.

### 정신을 맑게 해주는 미나리

진흙 속에서 자라는 미나리는 독특한 향미로 정신을 맑게 해 준다. 비타민이 풍부한 알칼리성 식품인 미나리는 한방에서는 식욕을 돋우고 장의 활동을 좋게 한다고 한다. 또한 미나리에 있는 정유성분과 철분 등은 정신을 맑게 하고, 혈액을 보호하는 역할도 한다.

### 스트레스를 해소해 주는 열무

열무는 소화효소인 디아스타제가 풍부하여 소화력을 높여주는 식품이다. 디아스타제는 소금이나 간장에 용해되지 않아 김치로 담가 먹기에 좋다.

소화력을 높이기 때문에 소화 장애가 있거나 스트레스가 많이 쌓이는 사람에게 효과적이고 피곤하고 지친 뇌세포에 에너지를 원활하게 공급해준다. 또 잎까지 사용해 칼슘, 철분, 비타민 C를 풍부하게 섭취할 수 있으며 철분이나 효소제 유산균 등이 골고루 분포되어 있어 최고

의 강장 식품이라 할 수 있다. 열무의 껍질에는 비타민 C가 풍부하기 때문에 껍질을 벗기지 않고 김치를 담그는 것이 좋다.

### 뇌혈관의 혈압상승을 막아주는 양배추

양배추는 당질로서 포도당과 자당이 많고, 비타민 C의 좋은 공급원이 된다. 여러 무기질 중에 특히 칼륨이 많은데, 칼륨은 나트륨의 배출을 촉진하고 혈관의 수축을 완만하게 하여 혈압상승을 막는 작용을 한다. 양배추는 싱싱하고 묵직한 것을 고르는 것이 좋다. 양배추에 들어 있는 칼륨은 물에 녹기 쉬우므로 익혀서 먹는 것보다 날것으로 먹는 것이 좋다.

### 머리를 맑게 해주는 우엉

위장 건강 증진에 효능이 있다고 알려진 우엉에는 이눌린(Inulin)이 많이 함유되어 있다. 건강하지 않은 위장에는 해로운 박테리아가 존재하는데, 여기서 나오는 독은 혈류 속으로 들어가 간의 해독작용을 방해한다. 이눌린은 바로 이러한 박테리아 독소를 제거하는 역할을 하는데 위장은 물론 간의 독소를 제거해 결과적으로 피를 깨끗하게 하기 때문에 머리를 맑게 해준다. 또한 신장기능을 도와 몸에 축적된 노폐물을 순조롭게 배설하는 작용도 한다.

### 노폐물 배설 효과가 뛰어난 녹두(숙주나물)

의약품 남용으로 인한 독을 풀어주고, 농약과 중금속 중독 치료에도 도움을 주고 있는 녹두는 알코올 해독작용 또한 뛰어난데, 무엇보다도 이러한 해독작용 후 걸러진 유해 물질을 소변을 통해 빠르게 배설하도록 돕는 작용을 하기 때문에 예부터 녹두는 백가지 독을 풀어주는 명약으로 전해지고 있다. 이렇게 녹두는 각종 몸 속의 독을 해독시켜 주기 때문에 뇌세포를 이러한 독소로부터 보호하여 뇌기능이 원활하게 작동할 수 있도록 도와준다. 한편, 피부에도 유효하게 작용해 곱게 갈아 팩으로 사용하면 화장독을 가라앉혀 주기도 한다.

## 두뇌의 기능을 활성화 시키는 양파

고단백 저지방 채소로 칼슘과 철분의 함량이 많아서 강장효과와 소화작용에 좋은 양파는 샐러드나 다른 음식에 넣어 먹으면 비타민 B1의 흡수율이 높아지기 때문에 스태미너 식품이라고 할 수 있다. 양파의 담황색은 안토크산틴이라는 플라보노이드 때문에 나타나는 색조이다. 안토크산틴은 면역체계를 향상시키며 유리기에 취약한 두뇌와 신경세포를 보호한다.

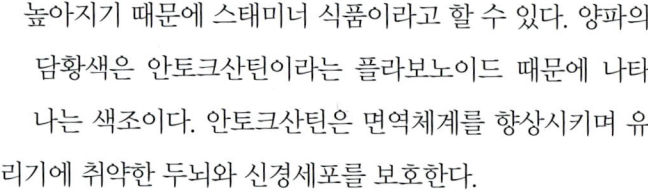

양파를 썰을 때 눈물이 나는 것은 양파 속에 유황이 함유되어 있기 때문이다. 양파 속의 유황은 생각을 멍하게 만드는 독소제거에 도움을 준다. 또한 두뇌와 신경체계에서 아미노산의 신경전달물질로의 전환에도 도움을 준다.

## 참을성 있는 성격을 키워주는 아욱

채소 중 영양가가 높은 아욱은 단백질이 시금치의 2배, 지방은 3배가 들어 있으며 칼슘은 2배나 더 많다. 만일 칼슘이 부족하면 자라나는 어린이는 뼈가 제대로 자라지 않고 성격도 신경질적이 되기 쉽다. 참을성 있는 성격으로 공부를 즐거운 마음으로 하도록 하려면 칼슘이 풍부한 음식을 먹도록 권장하는데 알카리성 식품인 아욱은 칼슘과 비타민이 골고루 들어 있어 입맛을 잃기 쉬운 여름철의 훌륭한 영양식품이다.

## 혈액을 풍성하게 만들어 주는 시금치

시금치는 비타민 A, B, C, D, E 등 비타민과 각종 미네랄이 풍부하게 들어 있다. 혈액을 구성하는데 필요한 철분과 엽산, 비타민 $B_2$ 등이 함유되어 빈혈의 예방과 치료에 더없이 좋은 식품이다. 시금치는 자라나는 어린이에게 필요한 영양을 공급해 준다. 비타민 A가 풍부하게 들어있는 시금치는 성장기 어린이와 임신부에게 좋은 알칼리성 식품으로 알려져 있으며 몸에 필요한 섬유소가 들어있어 변비예방에 효과가 있다.

시금치를 먹으면 신장과 담낭에 돌이 생긴다고 걱정하는 사람들이 많이 있다. 육식을 하는 사람들이 시금치를 다량으로 섭취하면 육류의 기름이 시금치에 든 수산(Oxalic Acid)과 만나서 결석을 만들 수 있다. 그러나 채식을 할 때는 시금치를 먹어도 결석이 생기는 것을 염려하지 않아도 된다. 결석의 원인이 될 수 있는 수산의 성분을 제거하게 위해서는 끓는 물에 살짝 데치면 도움이 된다. 시금치를 데칠 때는 끓는 물에 소금을 조금 넣고 살짝 데치는 것이 좋으며 냄비의 뚜껑을 여는 것이 좋다.

### 집중력을 증가시켜 주는 깻잎

깻잎에는 헤모글로빈의 원료인 철분이 들어 있어 두뇌에 신선한 산소를 공급하는 역할을 한다. 산소는 포도당과 함께 두뇌활동의 중요한 원료이다. 만일 두뇌에 산소가 부족하면 집중력이 떨어져 책을 펴도 머리에 잘 들어오지 않고 잡생각들이 많아진다. 그러므로 시험기간에는 철분이 풍부한 깻잎, 시금치 등을 섭취하면 좋다. 철분은 비타민 C와 함께 먹으면 흡수율이 더 높아진다.

### 춘곤증을 몰아내는 냉이와 두릅

경칩이 되면 개구리는 겨울잠에서 깨어난다. 그러나 봄철에는 오히려 나른한 춘곤증 때문에 피곤함을 느끼게 되어 입맛이 없어진다. 일반적으로 체내는 산성보다 알칼리성일 때 체내 조절이 원활히 이루어지는 데, 겨우내 신선한 채소섭취 부족으로 체내가 산성으로 변했기 때문에 춘곤증이 나타난다. 신선한 봄나물인 냉이, 달래, 두릅에는 다른 채소보다 무기질이 3~5배 정도가 많고 비타민 A, C는 10~100배가 많아 봄철에 나른해지는 춘곤증을 몰아내주고 뇌세포가 활력을 얻도록 도와준다.

### 스트레스를 해소하는데 도움이 되는 달래

파보다 비타민 A, C가 풍부한 달래는 봄철 입맛이 없고 피로와 스트레스가 쌓일 때 식욕을 돋우고 기력을 보충해 주는 보약이다. 비타민 C는 세포와 세포를 연결해주는 결합조직의 생성과 유지에 관여할 뿐 아니라 피부를 윤택하게 하는 역할도 한다.

### 신경세포를 안정시키는 마늘

냄새 때문에 천대받던 마늘이 만병통치약에 버금가는 만큼 그 효과가 밝혀지면서 마늘을 거의 먹지 않던 미국 등 서구에서도 이를 이용한 건강보조제들이 등장했다. 미국 뉴욕타임지는 마늘을 지난 1000년간의 최고 식물로 선정했으며 2002년 시사주간지 타임은 10대 건강식품 중 첫 번째로 마늘을 꼽았다.

대부분의 야채는 열을 가하면 몸에 좋은 성분이 파괴되지만 알리신 등 마늘의 유용한 성분은 열을 가하더라도 손실되지 않고 형태를 달리해서 대부분 그대로 보존된다. 더군다나 마늘에 열을 가하면 특유의 역한 냄새와 매운 맛까지 제거되므로 큰 부담 없이 먹을 수 있다. 성분에서 보면 칼슘, 인, 철분이 많고 비타민이 많은 것이 특색이다.

마늘의 시스테인, 메티오닌 성분은 강력한 해독력을 가지고 있어 간장을 강화시킨다. 알리인, 알리신, 치오에텔, 멜가프탄, 유화수소 성분 및 그 유도체는 수은 등 중금속을 배출하고 세균을 제거한다. 마늘의 알리신은 또한 인체의 신경에 작용하여 신경세포의 흥분을 진정, 안정화시키고 스트레스를 해소시킨다. 특히 비타민 $B_1$을 머무르게 하여 장시간의 효과를 기대할 수 있어 머리에 좋은 식품 중 하나이다. 하루에 2~3쪽씩 익혀서 먹으면 좋다.

### 뇌기능을 활성화시키는 쑥갓

쑥갓은 카로틴의 함량이 시금치보다 높다. 또 비타민 $B_2$, C, 칼슘, 철분 등도 풍부하여 뇌기능을 활성화 시킨다. 아미노산의 일종인 리신도 많이 함유되어 있다. 쑥갓의 독특한 향기는 벤즈알데히드 등의 정유 성분 때문인데, 이들 성분은 위장의 소화 흡수를 촉진시키고 가래를 제거한다. 잎이 싱싱하고 색이 진하며 광택이 있는 것이 좋으며, 줄기가 너무 굵지 않고 줄기 아래쪽에도 잎이 붙어 있는 것이 좋다. 잎이 시들거나 갈색으로 변한 것, 줄기가 단단한 것은 피한다.

### 뇌에 좋은 무기질의 보물창고 취나물

취나물은 '산나물의 왕' 으로 불릴 만큼 봄철 미각을 살려주는 대표적인 산채(山菜)다. 주로 이용되는 것은 곰취, 참취, 개미취, 미역취, 개암취, 수리취, 마타리, 각시취 등 10여종이 있다. 당분과 단백질, 칼슘, 인, 철분, 나이아신, 비타민 A, $B_1$, $B_2$ 등이 풍부하게 함유된, 무기질의 보물창고로 봄철 나른해지기 쉬운 우리 몸에 원기와 활력을 불어 넣어준다. 취나물에는 수산이 많아 생것으로 먹으면 몸속의 칼슘과 결합하여 결석을 유발시킨다. 그러나 열에 약한 수산은 끓는 물에 살짝 데치기만 해도 모두 분해되어 전혀 부작용이 없다.

## 4. 두뇌의 독소를 제거해주는 항산화제의 보고 과일류

### 과일 · 야채를 많이 먹으면 머리가 좋아진다

과일은 신선하고 선명한 색을 골라야 파이토케미컬이 듬뿍 들어있다. 밭에서 숙성한 것을 고르고, 다양한 색깔의 과일들을 골고루 섭취 하는 것이 좋다. 사과나 포도 같이 껍질에 색소가 많은 과일들은 껍질 채 그대로 먹는 것이 좋다.

야채, 과일, 쌀 등에 들어있는 물질인 '가바(GABA)' 가 학습능력을 증진하고 스트레스를 억제하는 효과를 갖는다는 연구 결과가 나왔다.

한 · 일 합작 바이오벤처인 파마바이오의 김 무조 사장은 최근 한국미생물생명공학회 학술발표대회에서 가바를 실험한 결과 '학습 기억능력을 높이고 스트레스를 낮춰주는 것으로 확인됐다' 고 밝혔다.

실험방법으로는 한 그룹의 쥐에게 하루에 한 번씩 가바 수용액(체중 kg당 가바 100mg 비율)을 다른 그룹에는 생리식염수를 먹이고 학습능력을 측정하는 형식을 취했다. 이를 위해 김 박사는 램프가 켜지면 바닥에 전류가 흐르고 벽면에 있는 스위치를 건드리면 전류가 끊어지도록 설계된 장치를 통해 바닥에 올려진 쥐는 전류가 흐르면 충격을 받아 이리저리 뛰어다니다 자기도 모르게 스위치를 누르게 되는 형태의 실험을 진행했다.

5주에 걸친 실험결과 가바를 먹은 쥐는 3주 뒤부터 스위치를 찾아내는 능력이 비교 대상 쥐보다 훨씬 뛰어난 것으로 나타났다.

### 1) 빨간색 과일

과일의 빨간색은 우리 몸 안에서 '유해산소를 제거하는 청소부' 로 불린다. 예컨대 토마토의 붉은색을 결정하는 라이코펜은 뛰어난 항산화력으로 암을 예방하는 탁월한 효능을 보인다. 딸기와 붉은 과일 껍질에 집중적으로 몰려있는 안토시아닌 역시 강력한 항산화물질이다. 붉은색을 띠는 과일에는 '안토시아닌' 이라는 성분이 다량 있는데, 이것이 아스피린보다 10배나 강한 소염작용을 가진 것으로 조사됐다.

### 사과

10분 전에 외운 것도 가물가물한 사람들은 사과를 먹는 것이 좋다. 붕소가 결핍되면 기민력, 주의력, 특히 단기 기억력이 저하되는데, 붕소함량이 많은 식품은 사과이다. 가급적 색깔이 화려하고 짙은 것을 장바구니에 담는 것이 좋다.

사과의 펙틴은 풍부한 식물성 섬유로 장을 청소해주는데 빨간 껍질에 더 많이 들어있다. 농약은 밀가루를 풀은 물이나 식초로 씻은 후 숯물로 한번 더 씻어서 제거한 후 섭취하되 껍질째 먹는 것이 가장 좋다. 사과의 비타민C 대부분과 영양분 및 당분 등이 껍질과 껍질 바로 밑의 과육에 축적돼 있기 때문이다. 사과의 당분은 과당과 포도당으로 흡수가 잘 되는 것이 특징이다. 특히 펙틴은 섬유질처럼 장운동을 시켜 변비를 예방한다. 비타민 C와 칼륨, 나트륨 등 무기질이 풍부하여 피부미용에도 좋다.

맛있는 사과를 고를 때는 꼭지 반대 부위에 녹색기가 빠진 것을 먼저 선택하고 그 다음 껍질의 착색이 고르고 밝은 것을 고르면 된다. 중간 크기의 사과가 육질이 단단해 먹을 때 좋고 저장하기도 편리하다.

### 수박

수박에는 '라이코펜' 이라는 색소가 있다. 라이코펜은 두뇌와 신경계를 보호하는 강력한 산화방지제이다. 수박에는 몸에 꼭 필요한 비타민 A, $B_6$와 C가 풍부하다. 비타민 A는 몸 안에 들어온 균과 싸우는 백혈구의 활동을 적극 돕기 때문에 아이들이 학교에서 감기나 기타 병에 잘 전염되지 않게 한다. 비타민 B는 감정의 균형을 이루고 사고를 적절히 할 수 있게 해주는 두뇌의 신경전달화학물질 생성을 도와준다. 즉 세로토닌, 멜라토닌, 도파민 등과 같이 우리 몸이 걱정이나 공포 등에 잘 견디게 해주는 신경전달물질 생성을 활성화 시킨다. 따라서 수박을 먹으면 머리가 깨끗해지면서 정서도 안정됨을 느낀다. 비타민 C는 세균과 바이러스에 대항하는 면역기능을 강화시키고 우리 몸 안에서 노화를 촉진시키고 세포의 질서를 혼란시키는 활성산소인 '자유기(free radicals)'의 활동을 억제시키는 항산화제 역할을 한다. 따라서 수박을 섭취하면 아이들은 면역력이 강화되고 어른들은 노화방지와 암을 예방할 수 있다.

## 딸기

알칼리성 식품인 딸기는 과일 중 비타민 C의 함량이 가장 많은데 그 함유율이 사과보다 무려 16배가 많다. 두 개면 하루에 필요한 비타민 C 10mg의 양을 해결할 수가 있다. 살이 연하기 때문에 표면을 흐르는 물에 깨끗이 씻는 것이 중요하다.

## 산딸기

일반 딸기에서 느낄 수 없는 독특하고 고유한 맛과 함께 상큼하고 개운한 맛을 지닌 산딸기는 비타민 B, C가 함유 되어 있으며, 옛부터 뿌리부터 알맹이까지 몸에 좋다고 하였으며 특히 허약체질에 효과가 있다.

## 자두

프럼이라고 불리는 서양 자두는 빈혈을 예방하는 철분, 미네랄 성분이 들어 있다. 칼륨은 체내의 염분배출을 돕는 성분이다. 자두에는 시금치와 같은 양의 칼륨이 들어 있다. 자두 1개와 사과 반쪽의 식이 섬유량이 같다.

### 말린 무화과

칼슘이나 인, 칼륨 등의 미네랄이 풍부하고 식이섬유가 다량 들어 있어 소화 흡수와 배변 작용을 돕는다. 변비가 있거나 기미가 있는 사람에게 좋은 과일이다

> **섬유질이 풍부한 말린 과일**
> 말린 과일은 수분이 빠져 단맛이 더 강해지고 생과일과 비교했을 때 식이섬유나 미네랄이 훨씬 많다.

## 2) 노란색 과일

노란색의 대표적인 과일인 오렌지에는 플라보노이드가 풍부하다. 플라보노이드도 유해산소의 활동을 차단하는 뛰어난 항산화물질이다. 이 중 헤스페레틴이라 불리는 영양소는 귤이나 레몬, 라임 등 비타민 C가 풍부한 과일에 많다.

노란색을 띠는 과일에는 '베타 카로틴' 이 있다. '베타 카로틴' 은 비타민 A의 영양 공급원이다. 귤 등 '베타 카로틴' 과일을 많이 먹으면 손바닥이 노랗게 된다. 이는 건강상에 문제를 일으키지 않으며, 섭취를 중단하면 사라진다. 미국 국립 암연구소는 하루 '베타 카로틴' 5~6㎎의 섭취를 권장한다. 귤 3개 정도에 해당되는 양이다. 노란색 과일 속 플라보노이드와 리모노이드를 가장 많이 함유하고 있는 곳은 바로 껍질 부분이다.

### 멜론

멜론에는 수분이 많아 이뇨효과가 있고 과육의 황색은 카로티노이드라는

성분인데 비타민 A의 모체가 된다.

## 곶감

칼륨이 100g당 736mg 들어 있다. 칼륨은 대체적으로 짜게 먹는 우리 식단에서 나트륨과의 조화를 위해 반드시 필요한 영양소이다. 곶감의 칼륨은 당근 395mg, 건포도 671mg, 마늘 730mg보다도 많이 함유되어 있다. 또한 곶감 속에 들은 탄닌은 모세혈관을 튼튼하게 해준다. 곶감은 날감보다 단맛이 4배 정도 강하고, 비타민 A의 함량도 2배나 높다. 각종 섬유질이 다량 함유돼 있어 다이어트에 효과가 있으며 감기예방, 기침을 멎게 하는데 도움을 준다.

## 살구

단맛을 내는 포도당, 과당 등 당질과 신맛을 내는 사과산, 구연산 등 유기산이 많이 들어 있어 피로회복 효과가 있다. 잘 익어 노르스름한 것이 달고 맛있다. 조금 단단한 듯한 것을 고른다.

## 말린 살구

칼슘이나 칼륨, 인 등의 미네랄이 많고 식이섬유도 다른 과일에 비해 풍부하다. 과일에 포함된 산이 뇌의 혈액 공급을 도와주어 피로 회복에도 좋다.

## 귤

귤은 비타민 C가 풍부한 과일로 잘 알려져 있다. 추운 겨울에 생산된 귤에 비타민 C의 양이 많다. 비타민 C와 $B_1$이 풍부한 과일로, 면역력을 높여주고 피로 해소에 효과가 있다.

### 오렌지

오렌지에 들어있는 엽산을 많이 섭취하면 기억력이 좋아진다. 엽산은 오렌지 외에도 스트로베리, 짙은 녹색의 채소와 콩 등에서 많이 발견된다. 하루 권장 섭취량은 400mg이다.

### 망고

망고는 다른 어떤 과일이나 야채에 비해 독특한 몇 가지 항산화제(antioxidants)를 많이 함유하고 있고 세포 손상을 예방하는 작용을 하기 때문에 암 형성을 억제하는 효능을 나타낸다.

### 파인애플

칼슘이 꽤나 풍부한 편이며 단백질 분해 효소가 들어 있어 소화가 잘 되도록 돕는다.

### 감

감에는 비타민 A와 C가 풍부하여 몸의 저항력을 높여준다. 꼭지와 가운데 부분에 탄닌 성분이 있어서 많이 먹으면 변비가 생긴다. 고를 때 머리부분이 보기 좋게 쭉 빠진 것이 맛이 좋다.

### 바나나

바나나에는 감자 못지않은 칼로리와 단백질이 들어 있고 칼륨, 카로틴, 식물성 섬유도 풍부하게 함유되어 있다. 바나나는 지방, 나트륨과 콜레스테롤이 전혀 없으며, 풍부한 섬유질과 비타민 C를 다량 함유하고 있는 영양과일이다. 중간 크기의 바나나 한 개(126g)를 기준으로 볼 때, 칼로리 110kcal, 탄수화물

29g, 식이섬유 4g, 당분 21g, 단백질 1g이 함유되어 있다. 특히 칼륨은 무려 450g이나 들어 있고 맛이 뛰어나다는 점에서 많은 사랑을 받고 있다.

### 참외

참외는 100g당 36kcal의 열량을 내는 알칼리성 식품으로 칼륨의 함량이 높다. 참외의 칼륨은 체내 나트륨과 칼륨의 균형을 유지하는데 도움을 준다. 땀을 많이 흘리는 여름에 참외를 먹으면 배탈도 막을 수 있고 갈증도 해소할 수 있다. 참외가 신선하다면 당분도 많고 맛도 좋은 참외 속도 먹는 것이 좋으며 체액이 산성으로 기울기 쉬운 여름에 먹으면 피로회복에 좋다.

### 구아바와 파파야

열대 과일인 구아바와 파파야는 비타민 C가 가장 풍부한 공급원이다. 비타민 C는 스트레스로 유발되는 유리기와 싸우는 강력한 산화방지제다. 구아바에는 오렌지의 3배, 파파야에는 오렌지 2배의 비타민 C가 함유되어 있다.

### 배

수분과 섬유질이 풍부해 장벽을 자극, 변비해소에 도움이 된다. 기관지 염증을 가라앉히는 작용을 해 기침, 가래가 있을 때 활용할 수 있다. 고를 때 크고 묵직하고, 잘 익어 노란빛이 도는 것이 좋다.

### 복숭아

복숭아는 알카리성 식품으로 다량의 단백질과 아미노산을 함유한 건강식품이다. 당분, 유기산, 비타민, 섬유소, 무기질 등 인체에 필요한 영양소가 함유되어 있어 하나의 종합영양제라 할 수 있다. 복숭아는 식이섬유를 다량 함유하고 있어 배변을 촉진하며 변

비치료와 대장암 예방에도 효과가 있다.

### 3) 보라색 과일

대표적인 보라색 과일에는 포도와 블루베리가 있다. 포도는 이미 적포도주의 심장병 예방효과로 널리 알려져 있다. 껍질에 들어있는 플라보노이드가 동물성 지방섭취로 증가하는 노폐물이 혈관벽에 침착하는 것을 막고 좋은 콜레스테롤 수준을 높여준다. 특히 유해산소에 의한 유전자 손상을 감소시키는 항암 작용도 한다.

#### 블루베리

세계적인 장수국가 핀란드에서는 블루베리를 건강과일로 즐겨 먹는다. 보라색 과일에 풍부한 색소인 안토시아닌 성분은 우리 인체에 들어가면 혈액 속으로 급속히 흡수되어 항산화 작용, 노화방지 기능을 발휘한다. 보라색 과일의 보호막인 안토시아닌 색소가 과일을 지켜 주듯이 우리 인체에서도 활성산소의 공격으로부터 보호해주는 항산화제 역할을 한다. 보라색 과일의 뛰어난 항산화력을 얻으려면 껍질째 먹어야 한다.

#### 포도

포도는 포도당, 주석산, 구연산, 포도산 및 각종 비타민이 많아 피로회복, 식욕부진 등에 좋은 효과를 나타내며, 칼륨, 칼슘, 철분 등을 비롯한 미네랄이 풍부한 알칼리성 식품이다. 포도의 껍질에는 해독, 살균, 항암 효과를 지닌 카테친(cate chin), 레스베라트롤이 있고 혈관을 강화시키는 피크나게롤도 다량 함유되어 있다. 주성분인 포도당은 피로 회복에 도움을 주며 펙틴과 탄닌 성분이 많아 장운동을 촉진할 뿐 아니라 해독작용도 한다. 유기산 등의 영양소가 많아 피로회복과 혈액순환에 도움이 된다.

포도를 씻을 때는 식초를 약하게(2~3방울 정도) 탄 물에 포도를 송이 째로 넣고 몇 번 흔들어 준 후 흐르는 물에 씻는다. 숯가루를 1~2티스푼 풀어 넣고 씻기도 한다.

### 건포도

포도의 주성분인 포도당은 곧바로 에너지원이 되기 때문에 피로회복에 좋다. 특히 칼슘이나 철분, 칼륨 등이 풍부해서 빈혈이 있는 사람에게 좋은 식품이다.

## 4) 녹색 과일

기본적인 파이토케미컬의 효과는 야채를 통해서 얻을 수 있지만 초록색 잎에서는 독특하고 질 좋은 영양소를 한 번에 구할 수 있다. 원광대 식품영양학과 이영은 교수는 17개 과일의 영양성분을 분석한 뒤 100g 중 함유된 영양소를 Dail Value(DV)로 표시했다. DV란 인체가 필요로 하는 1일 영양소에 대한 과일의 기여도를 말한다. 여기서 골드키위가 20%로 1위, 캔터롭멜론이 13%로 2위, 그린키위가 12.8%, 딸기가 12%, 오렌지가 11%로 나타났다.

### 자연이 준 종합영양제 '키위'

미국 식품영양학회에서 각 과일의 영양기여도를 조사하여 그 결과를 발표하였다. 1위로 뽑힌 것이 키위였고, 2위로 파파야, 3위로 메론이 뽑히는 영예를 얻었다. 키위에 있는 비타민 C는 사과의 20배, 귤의 5배가 함유되어 있다. 키위에 들어있는 단백질 분해효소인 액티니딘이 소화를 돕는다. 비타민 C는 활성산소를 제거하고 뇌신경의 흥분과 억제를 조절하기도 하며, 스트레스 해소에 큰 효과가 있다. 또한 키위에 다량 함유된 칼륨은 혈압을 낮춰주며, 식물섬유질로 인해 변비방지와 콜레스테롤 수치를 낮추는데 큰 효과가 있다.
키위는 비타민과 미네랄의 왕이면서 파이토케미컬도 풍부하다. 키위 한 개에 들어있는 비타민 C는 하루 권장량의 두 배가 넘는다. 비타민 B군인 엽산은 일일 권장량의 17%, 비타민 E는 10%, 칼륨과 칼슘은 각각 10%. 6%나 된다.

### 아보카도

체력강화에 가장 좋은 고영양식 아보카도는 열대과일 중 가장 칼로리가 높다. 100g에 187kcal 정도나 된다. 숲의 버터라고 불릴 만큼 개당 17~20% 정도가 지방으로 이루어져 있다. 그래서 지용성 비타민인 A, $B_1$, $B_2$가 풍부한 과일이다. 대부분 과일은 수용성 비타민이 많은데 아보카도는 지용성 비타민도 많다. 대부분 과일은 개당 50칼로리 안쪽인데 비해 아보카도는 3배 가까이 칼로리가 높다.
오하이오 주립대학 연구팀에 따르면 아보카도와 토마토를 함께 먹으면 맛도 좋을 뿐 아니라 토마토에 들어있는 항산화제 물질인 라이코펜 성분이 보다 더 잘  흡수될 수 있다고 한다.

## 5. 뇌세포를 성장시키는 견과류와 씨앗류

영양학적 견지에서 뇌를 구성하는 신경세포의 작용이 얼마나 활발히 움직이고 있느냐에 따라 좋은 두뇌로 평가된다. 뇌의 활동이 좋게 유지 되려면 우선 충분한 양의 혈액이 뇌로 보내져야 한다. 신경세포의 작용은 뇌에 보내지는 혈액에 의해 유지되기 때문이다. 이 혈액중의 산소와 영양성분이 뇌의 활동에 꼭 필요 되는 것이다. 그러므로 두뇌의 활성화를 위해 가장 기본이 되는 것이 영양과 산소를 충분히 가지고 있는 혈액을 공급하는 일이다.

육류, 계란, 생선, 우유는 뇌세포를 구성하는 단백질의 훌륭한 공급원이기는 하지만 포화지방과 콜레스테롤이 많이 들어 있어 혈관을 좁게 만들거나 혈액이 탁해져서 뇌세포로 영양과 산소를 공급하는 일이 방해를 받는다. 동물성 단백질의 과다섭취는 오히려 판단력과 기억력을 떨어뜨린다는 연구 결과들이 보고되고 있다.

견과류는 뇌세포에 좋은 영양소를 골고루 가지고 있는 대표적인 건뇌 식품이다. 견과류에 60%이상 함유되어 있는 불포화지방산이 뇌신경 세포의 돌기를 성장시키는 데 필요한 인지질을 구성하는 역할을 한다. 특별히 두뇌의 신경전달물질의 생산에 필수적인 두 지방산 오메가3와 오메가6의 풍부한 공급원이 된다.

## 견과류와 씨앗류에 많이 들어있는 영양소들

### DHA

DHA는 뇌세포의 구성성분이며 기억, 학습능력을 향상 시켜준다. 광고에서 흔히 볼 수 있는 DHA는 뇌 성분의 원료로 이러한 다가불포화지방산이 많이 함유된 음식이 뇌의 기능을 돕는다.

### 비타민 E

뇌세포에는 산화되기 쉬운 불포화지방산이 많은데 세포내 지방이 산화하면 세포는 활력을 잃고 노화된다. 비타민 E는 이러한 산화를 막는 항산화 작용이 있다. 또한 혈액을 깨끗이 하고 두뇌가 녹스는 것을 막아주는 힘이 크다. 만일 비타민 E가 부족하면 정상적인 정서를 잃고 초조해지며 공부에 흥미를 잃고 기억력이 저하된다.

### 비타민 B 복합체

특히 당질대사와 억제 진정과정에 크게 관여하는 비타민 B 복합체가 많다. 특히 명석한 두뇌와 깊은 관계가 있는 비타민 $B_1$을 많이 가지고 있다.

### 레시틴

레시틴이 뇌신경 세포의 전달물질인 아세틸콜린의 재료가 되기 때문에 레시틴을 많이 섭취하면 아세틸콜린이 잘 만들어져서 뇌의 정보전달이 순조롭게 진행되는 것이다. 뇌의 기억 형성에 중요한 역할을 담당하고 있으며 건망증을 방지하고 기억력을 향상시키는 힘을 가지고 있다.

### 오메가 3 지방산

두뇌가 좋아지기 위해서는 뇌를 구성하는 성분 중에서 20%나 차지하고 있는 필수지방산을 충분히 섭취해야 한다. 건강한 뇌세포의 막이 형성되기 위해서는 필수지방산 중에서도 오메가-3 지방산을 충분히 섭취해야 한다. 식품 중에서 오메가-3 지방산이 가장 풍부하게 함유된 식품은 어떤 것이 있을까? 오메가-3 지방 함유식품 중에서 챔피언은 아마씨를 뽑을 수 있다. 아마씨 속에는 필수지방산이 53%가 들어 있고, 그 중에서 43%가 오메가-3 지방산이다.

## 두뇌에 좋은 견과류와 열매

### 호두

음력 정월 보름날 부럼이라 해서 호두, 밤, 땅콩을 먹는다. 호두는 단단한 껍질을 가진 견과류로 칼로리가 높아서 추운 겨울에 먹으면 건강을 유지하는 데 도움이 된다. 양질의 단백질과 영양가 높은 지방분이 많아 칼로리가 높은 호두는 하루에 세 알만 먹으면 그날 필요한 지방분이 공급된다고 할

### 검은깨

중국의서 본초강목에 의하면 '검은깨는 오장을 보호하고 기력을 증강시켜 오래 복용하면 몸이 가벼워지고 늙지 않으며 검은 머리카락이 난다' 고 하였고 동의보감에서는 기운을 보강하고 골수와 뇌수를 충실히 하며 힘줄과 뼈를 튼튼하게 해준다고 기록되어 있다. 지질과 단백질이 주성분으로 다른 검은색 식품이 가지고 있는 안토시아닌이 풍부한 것 외에 항산화력이 매우 강한 세사미놀이 함유되어 있어 혈액이나 세포막 등에 있는 기름기의 산화를 억제하는 힘이 매우 뛰어나다.

검은깨는 피를 공급하는 간기능을 회복시킬 뿐 아니라 풍부한 비타민 E와 천연토코페롤을 공급하여 피부노화를 억제하고 아토피 피부를 치료하는 데도 탁월한 효과를 볼 수 있다. 질 높은 단백질과 미네랄이 풍부하여 오장육부를 골고루 튼튼하게 할 뿐 아니라, 뇌 기능을 활성화하는 데 꼭 필요한 레시틴 성분이 풍부해서 학습력, 기억력, 집중력을 높여주므로 공부하는 학생들에게 매우 좋다.

### 아마씨(Flax seed)

지방이 몸속에 쌓이면 뇌혈관에도 쌓이면서 뇌세포에 영양분을 공급하는데 방해가 되는데 오메가-3 지방산은 이런 것들을 개선시켜준다. 또한 오메가-3 지방산은 뇌세포막을 형성하는 재료로 사용되어 어린이의 두뇌발달을 도와주지만 우리 몸에서 만들어지지 않기 때문에 음식을 통해서 공급해줘야 한다.

아마씨는 지방(41%), 단백질(20%) 및 섬유소(28%)의 함량이 높고 특히 오메가-3 계열의 필수지방산인 알파리놀렌산, 식물성 에스트로젠의 일종인 리그난, 수용성 섬유소의 좋은 급원으로 알려져 있다.

오메가-3계열의 지방산은 오메가-6계열의 리놀레산과 경쟁적으로 작용함으로써 오메가-6 계열 지방산으로부터 만들어지는 염증매개 물질의 생성을 방해하여 동맥 경화증과 류머티스관절염 등의 염증성질환 발생을 억제하는 것으로 규명된 바 있다.
우리가 식품을 조리할 때 흔히 사용하고 있는 식물성기름인 옥수수유와 대두유는 전체 지방산 중 오메가-3계열의 지방산 함량이 각각 1%와 8%인데 비해 아마씨유는 전체 지방산의 57%가 오메가-3 지방산이기 때문에 어린이의 두뇌발달과 노인들의 치매예방에 아주 좋은 식품이다.

### 땅콩

땅콩은 두뇌회전에 필요한 비타민 B와 레시틴 아미노산을 가지고 있다. 공부하는 자녀나 정신노동에 시달리는 사람들은 땅콩을 먹으면 도움이 된다.

### 아몬드

호두와 마찬가지로 지방산의 70%가 불포화 지방산으로 구성돼 있고, 그중에서도 콜레스테롤을 억제하는 올레인산이 다량 함유되어 있다. 식단에 포함된 음식 중 아몬드, 콩, 식물 스테롤, 섬유소는 이미 미국식품의약국(FDA)으로부터 심혈관질환 예방 효능을 인정받은 식품들이다. 이 중에서 아몬드는 식물성 단백질, 식물 스테롤, 섬유소가 풍부해 '미니 포트폴리오(mini portfolio)'라고도 불린다.

아몬드엔 불포화지방산 중에서도 오메가-3계 지방산이 듬뿍 함유돼 있는데, 오메가-3계 지방산은 마음을 안정시키는데 탁월한 효능을 지니고 있는 영양소다. 두뇌 활동을 왕성하게 만들고 또한 포화지방 수치가 낮은 반면 오메가-6가 풍부하고, 단백질, 비타민 E, 칼슘, 철, 마그네슘, 아연 등이 다른 견과류에 비해 다량 함유되어 있다.

### 해바라기씨

비타민 E와 마그네슘을 다량 함유하고 있다. 토마토보다 엽산이 무려 18배 많다. 엽산은 혈액응고와 동맥경화를 촉진하는 성분을 감소시키는 것으로 알려져 있다. 또한 나쁜 콜레스테롤인 LDL을 억제하는 효과가 있을 뿐 아니라 이 식품 자체는 콜레스테롤이 전혀 들어있지 않다.

### 호박씨

단백질, 지방, 당질, 섬유질, 비타민 A, B, E, 오메가-6와 오메가-3를 모두 함유하고 있는 특별식이다. 두뇌활동을 향상시키는 레시틴을 비롯해서 칼륨, 칼슘, 인, 철 등의 무기질과 명석한 두뇌와 관계가 있는 비타민 $B_1$이 풍부한 고열량 식품이다. 이와같이 호박씨는 머리를 좋게 하는 불포화지방산, 레시틴과 필수아미노산을 많이 함유하고 있기 때문에 성장기 어린이에게 먹이면 두뇌발달이 촉진된다.

### 잣

잣은 탄수화물, 단백질, 지방 등의 기본 영양성분은 물론 무기질과 비타민까지 골고루 갖추고 있는 완전식품이다. 또한 잣의 지방은 물에 잘 녹는 불포화지방산인 올레인산과 리놀산, 리놀레인산으로 이루어져 있어 피부를 아름답게 하고 혈압을 내리는데 효과적이다.

칼로리가 높고 비타민 B군과 철분의 함량이 높아서 빈혈에 좋으며 우수한 지방성분을 많이 가지고 있다. 이와같이 잣은 두뇌에 좋은 불포화지방산과 비타민 B군이 많이 들어있어 두뇌발달에 좋은 식품이다.

## 은행

은행에는 간놀, 펙틴, 히스티딘, 전분, 단백질, 지방, 당분 등이 많이 들어 있어서 폐결핵 환자나 천식환자가 오래 먹으면 기침이 없어지고 가래가 적게 나온다. 은행의 특이한 작용 가운데 하나는 레시틴과 비타민 B의 모체가 되는 엘고스테린이라는 성분이 들어 있어서 성욕감퇴, 뇌빈혈, 신경쇠약, 전신피로 등에 효과가 탁월한 것으로 알려져 있다. 그러나 은행알은 독이 있어서 날로 먹거나 한꺼번에 많이 먹는 것은 좋지 않다.

## 피스타치오

호두와 함께 기원전부터 식용으로 사용된 견과류 피스타치오는 고대 터키, 페르시아 등의 지중해 연안 지방에 야생으로 생산되고 있던 것을 식용으로 재배, 그후 종자를 로마에 가져와 유럽에서 재배하게 됐다고 한다. 피스타치오는 주로 아랍계 국가에 친숙한 넛츠류로, 노란빛의 얇은 막에 싸인 열매가 익으면서 겉껍질이 자연스럽게 세로로 갈라진다.

내용물은 클로로필을 많이 포함해 녹색이 진하고 선명한 것일수록 좋은 품질의 제품으로 손꼽힌다. 다른 견과류와 마찬가지로 불포화지방산이 풍부하게 포함되어 있고 단백질, 섬유소, 비타민, 무기질 등의 영양소는 많이 갖고 있는 반면, 지방 함량은 적고 콜레스테롤은 전혀 함유하고 있지 않은 건강식품이다. 특히 비타민 $B_1$, 칼륨, 철 등이 많은 것이 특징이다.

## 캐슈넛

인도, 브라질, 탄자니아 등에서 생산되는 캐슈넛은 구부러진 모양이 독특한 흰색의 견과류로 다른 견과류에 비해 부드러운 편이다. 전체의 44% 정도가 지방분이며 역시 불포화 지방산으로 구성되어 심장질환 예방 등의 효과를 기대할 수 있다. 비타민 $B_1$, 마그네슘, 철 등 미네랄이 풍부해 소화 기관의 활성화에 도움을 주며 단백질이 12%나 들어 있는 고단백 식품이다.

### 마카다미아

단단한 껍질 안에 코코넛과 비슷한 향이 나는 하얀 열매가 들어있는 견과류인 마카다미아의 주산지는 하와이다. 국내에 수입되는 마카다미아의 대부분은 호주산이다. 영양 성분은 기타 견과류와 마찬가지로 80%에 이르는 불포화 지방산 성분이 함유돼 있으며, 마카다미아유(油)는 높은 산화 안정성이 있고 무색무취의 특성을 갖고 있다.

### 헤이즐넛

지중해성 기후 및 아열대 기후에서 재배되는 견과의 한 종류다. 고대 그리스, 로마 시대부터 귀한 식품으로 여겨져 오다가 유럽 전역과 이스탄불을 거쳐 아시아 지역으로 전파됐다. 헤이즐넛의 구성 성분은 88% 이상이 불포화지방산으로, 올레인산과 리놀산이 풍부하며 비타민 $B_2$, $B_6$가 다량 함유돼 있다. 또한 세포 산화를 막아주는 비타민 B는 발암 억제효과와 다른 견과류와 마찬가지로 고혈압, 심장병 예방에 필요한 마그네슘과 칼슘도 다량 함유돼 있다.

## 6. 뇌 건강에 기여하는 불로장수의 명약 버섯류

버섯은 예로부터 불로장생의 명약으로 여겨져 왔다. 흰 목이버섯은 뇌 건강에 기여하며 치매도 예방한다. 산야에 여러 가지 빛깔과 모양으로 발생하는 버섯들은 그 독특한 향미로 널리 식용되거나 또는 약용으로 사용되는가 하면 목숨을 앗아가는 독버섯으로 두려움을 받기도 하였다.

고대 그리스와 로마인들은 버섯의 맛을 즐겨 '신(神)의 식품(the food of the gods)' 이라고 극찬하였다고 하며, 중국인들은 불로장수(不老長壽)의 영약(靈藥)으로 진중하게 이용하여 왔다. 세종실록을 보면 세종대왕 시대에 식용버섯으로 송이, 표고, 진이(眞耳), 조족이(鳥足耳), 약용버섯으로 복령, 복신(茯神)의 주산지까지 기록하고 있는 것으로 보아 아주 오래 전부터 버섯을 많이 이용하였음을 알 수 있다. 근래에는 버섯의 순수배양종균(純粹培養種菌)의 생산을 계기로 양송이, 표고, 느타리, 목이, 풀버섯 등 식용버섯의 인공재배가 크게 발달하고 있으며 버섯의 영양가와 약용가치가 점차 밝혀짐에 따라 그 수요도 증가하고 있다.

해초류와 마찬가지로 칼로리가 없는 버섯은 많이 먹어도 살이 찌지 않는다. 버섯은 곰팡이의 한 종류로 특유의 향이 있기 때문에 많은 사람들이 좋아한다. 독특한 향기가 특징인 버섯은 먹을 때 되도록 양념을 쓰지 않는 것이 좋다.

버섯은 종류에 따라 그 효능이 조금씩 다르지만 대부분 비타민, 미네랄뿐 아니라 단백질과 식이섬유가 풍부하면서 칼로리는 낮아 비만, 변비, 등을 감소시키는 것으로 알려져 있다. 버섯은 유효성분의 보존을 위해 흐르는 물에 재빨리 씻는다. 버섯 고유의 맛과 향을 위해 양념, 조미료는 쓰지 말고 구울 때도 살짝 익히고 찌개나 국에는 먹기 직전에 넣는다.

버섯은 비타민 A와 C를 보완하기 위해 녹황색 채소와 같이 요리하면 좋다.

버섯은 크게 약재로 쓰이는 버섯과 식품으로 쓰이는 버섯이 있다. 약재로 사용되는 버섯들은 비싼 값에 팔리고 있지만 반대로 식품으로 쓰이는 버섯은 표고, 느타리, 목이, 팽이 등으로 야채코너 한 쪽에서 비교적 싼 값에 팔리고 있다. 싼 게 비지떡이라는 말은 버섯에게는 한마디로 해당이 되지 않는다. 우리가 일상적으로 요리에 많이 사용하는 버섯들도 알고 보면 약재로 사용되는 버섯 못지않은 약효를 갖고 있기 때문이다.

## 버섯의 종류

**식용버섯**

송이버섯, 금버섯, 달걀버섯, 개암버섯, 잣버섯, 느타리버섯, 능이, 못버섯, 뽕나무버섯, 덕다리버섯, 노란띠버섯, 검은비늘버섯, 쓴송이, 꽃송이버섯, 처녀버섯, 배젖버섯, 민자주방망이버섯

**약용버섯**

영지버섯, 동충하초, 신령버섯(아가리쿠스), 구름버섯(운지버섯), 저령, 말굽버섯, 장수버섯, 목질진흙버섯(상황), 흰목이, 복령 등이 있다.

**팽이버섯**

갓이 희고 중심부가 담갈색이고 살이 두꺼운 것일수록 품질이 좋다. 깨끗한 환경과 첨단 재배 시설에서 생산되는 버섯은 맛과 향이 뛰어나고 인체의 주요 영양원이 되는 아미노산, 비타민, 효소 등이 풍부하게 함유되어 있다.

팽이버섯에는 두뇌개발에 좋은 성분이 들어 있어 공부를 하는 학생들 뿐만 아니라 치매환자에게도 좋은 것으로 알려져 있다. 피로회복 및 스트레스 해소에 좋은 비타민 B 성분이 다량 함유되어 있다. 팽이버섯을 장기간 섭취하면 면역 기능이 높아져 몸의 저항력을 높일 수 있다.

좋은 팽이버섯을 고르고자 할 때는 신선하고 탄력성이 있는 것, 공중균사가 피어있지 않은 것, 내용량이 너무 부족하지 않은 것, 너무 습하지 않은 것, 갓 고유의 색택을 지닌 것, 순백색을 띠며 줄기가 가지런하고 뿌리가 싱싱한 것을 선택한다.

**송이버섯**

송이버섯은 맛, 향, 씹는 감촉 등 3박자를 갖춘 자연식품이다. 송이버섯에는 식물성 섬유가 3.1% 함유되어 있어 채소 평균 함유량인 2.3%보다 높은데 이 식물성 섬유에는 세포가 갑자기 변이를 일으켜 암이 되는 것을 막는 성질이 있다.

표고버섯

불로장생 식품으로 오래전부터 알려져 온 표고버섯은 음식의 맛을 좋게 해 식욕을 돋우고, 감기를 낫게 하는 효과가 뛰어나다. 표고버섯의 맛과 향은 단백한 음식과 기름진 음식 모두에 잘 어울리고, 식욕을 돋워 체력을 증진시킨다. 좋은 표고버섯을 고를 때 갓이 퍼지지 않고 갓 속의 주름이 깨끗하게 주름져 있는 것과 기둥은 짧고 통통한 것을 선택하는 것이 좋다. 말린 표고버섯을 불릴 때는 따뜻한 물에 설탕을 약간 넣어서 불린다.

만가닥버섯

찬물에 두세 차례 살짝 씻은 후 여러 송이가 붙어 있으므로 적당한 크기의 작은 송이 뭉치 채로 떼어서 쓴다.

양송이버섯

양송이버섯은 고를 때 윤기가 나고 탄력이 있으며 둥근 갓이 두꺼운 것이 싱싱하다. 손질할 때 작은 칼을 이용해 버섯의 갓 껍질을 얇게 벗겨 낸다. 껍질을 벗긴 후 레몬즙을 약간 뿌리면 색깔이 변하지 않는다.

석이버섯

뜨거운 물에 불려야 부드러워진다.

## 7. 정신을 집중 시켜주는 바닷속의 보물 해조류

알칼리성 식품인 해조류는 정신을 집중시키거나 두뇌발달을 촉진하는데 큰 역할을 한다. 해조류는 잎의 색깔에 따라 갈조류, 녹조류, 홍조류 등으로 분류한다. 대표적인 것으로는 갈조류의 다시마, 미역, 톳과 녹조류의 파래, 홍조류의 김, 우뭇가사리가 있다.

### 해조류 속의 탄수화물

해조류 속의 탄수화물에는 세포와 세포 사이에 많이 있는 점질성 다당류, 세포벽을 이루고 있는 다당류, 그리고 세포내에 저장되어 있는 저장 다당류의 세 가지가 있다. 저장 다당류는 해조의 종류에 따라 다르며 녹조류는 고등식물과 마찬가지로 녹말을 주체로 하고 있으나, 갈조류와 홍조류에는 각각 특수한 다당류를 저장하고 있다.

### 해조류 속의 단백질

수분함량을 0으로 하였을 때 다시마는 약 9%, 톳은 12%, 미역은 20% 전후인데 김은 44%의 단백질을 함유하고 있다. 단백질의 가치는 그 양에도 따르지만 필수아미노산이 어느 정도 균형 있게 함유되어 있느냐는 질이 더 중요하다.

인체에는 꼭 필요하고 매일 섭취하지 않으면 안 되는 아미노산을 필수아미노산이라고 한다. 여기에는 이소류신(isoleucine), 류신(leucine), 리신(lysine), 메티오닌(methionine), 페닐알라닌(phenylalanine), 트레오닌(threonine), 트립토판(tryptophan), 발린(valine) 등이 있다. 이들 8종류는 각각 전담 분야가 있어 다른 종류가 그 역할을 대행할 수가 없는 것이다. 즉 아미노산은 질소의 평형을 유지하는데 필요하지만 자체에서 합성이 안 되며 다른 아미노산이 그 기능을 대행하여 줄 수 없는 것들이다.

김은 리신과 트레오닌을 제외한 다른 모든 필수 아미노산이 필요량 보다 많이 들어 있다. 특히 메티오닌과 히스티딘은 황(S)을 포함하는 아미노산이며 해조류, 쌀, 밀 등에는 비교적 많으나 감자류, 콩, 야채류에는 적다. 해조류에 부족한 리신은 콩이나 두부에 많이 포함되어 있다. 그러므로 두부와 김, 콩과 톳을 짝지우면 서로 결점을 보완하여 보다 균형 잡힌 좋은 식탁이 될 것이다.

### 혈전형성을 방지하는 해조류 속의 지질

해조류에 함유된 지질은 건조중량의 1~2% 밖에 안 된다. 이 중에 뇌혈전이나 심근경색을 예방하는 효과가 있는 아이코사펜타엔산(EPA)이 포함되어 있다. 특히 김의 지질은 그 절반에 가까운 49.7%가 EPA가 들어있으므로 해조류를 상식함으로 EPA를 보충할 때 뇌세포에 혈액순환을 원활하게 하여 치매예방에 도움이 된다.

### 해조류는 미네랄의 보고

비타민과 무기질이 풍부한 해조류에는 두뇌 활동을 활발하게 해주는 성분이 들어 있다. 미네랄의 총량은 회분량으로 표시된다. 김에는 약 8%, 다시마에는 20~24%, 미역에는 35%, 톳에는 21%의 미네랄이 들어있다. 이것들은 어느 것이나 해조류가 바다에서 생장하는 과정에서 흡수한 것이다. 미네랄은 대부분 체내의 물질 대사에 관여하는 효소의 재료로 쓰인다. 따라서 그 필요량이 아무리 적은 양이더라도, 그것이 보급되지 못하면 효소를 만들지 못하고, 효소가 없으면 물질 대사는 거기서 그쳐 버린다.

건강을 유지하기 위해서는 필요한 미네랄을 모두 고르게 섭취하지 않으면 안 된다. 해조에 들어있는 중요한 미네랄로는 인, 마그네슘, 나트륨, 칼륨, 칼슘, 규소, 망간, 아연, 구리, 알루미늄, 비소, 셀렌, 요오드, 불소 및 비타민 $B_{12}$의 성분이 되는 코발트 등이며 이 밖에도 몰리브덴, 크롬, 주석, 팔라듐, 니켈 등의 필요한 미네랄의 존재가 알려져 있다.

미네랄 중에는 하루의 필요량이 극히 적은 종류도 많다. 그러나 부족하면 역시 결핍증이 나타난다. 더구나 최근에는 대부분의 식품이 완전히 정제되었기 때문에 미네랄이 부족되기 쉽다. 해조류는 필요한 미네랄을 고르게 섭취 할 수 있는 귀중한 공급원이 된다.

### 해조류에 풍부한 칼슘

칼슘의 섭취량이 부족하면 뼈가 약해져서 골절을 일으키기 쉽게 되며 또 정신적으로도 불안정한 상태로 빠지기 쉽다. 그러므로 칼슘의 섭취량은 매우 중요하다. 만일 하루에 필요한 칼슘량을 전부 해조류에서만 취한다고 가정한다면 톳은 40g, 말린 미역은 60g이면 충당된다. 그러나 칼슘의 흡수와 이용에는 비타민 D와 마그네슘을 함께 섭취할 때 더욱 효과적이다.

따라서 칼슘 공급원과 더불어 마그네슘이 풍부하게 들어 있는 넛츠류, 야채류, 과일류, 곡류 및 옥수수 등과 같이 섭취하면 좋다. 비타민 D가 많이 함유되어 있는 식품으로는 말린 표고버섯이 있다. 미역국을 끓일 때 갈은 캐슈넛이나 들깨 가루, 말린 표고버섯, 다시마 등을 넣고 끓이면 맛도 좋을 뿐만 아니라 영양도 균형이 이루어져 건강에 유익을 준다.

### 해조류는 철분의 공급원

인체에는 약 3g의 철분이 들어 있다. 그 대부분이 적혈구의 헤모글로빈, 근육 속의 미오글로빈, 근육 세포 안에 있는 적색 색소 단백질, 간장의 페리틴 속에 들어있다. 헤모글로빈이 들어있는 철분은 산소를 체내의 기관과 조직으로 운반하는 역할을 하며 미오글로빈에 들어있는 철분은 운반되어 온 혈액 중의 산소를 세포로 받아들이는 작용을 한다. 철분은 이와같이 중요한 일을 할 뿐만 아니라 소비가 많은 적혈구의 성분이 되고 있으므로 매일 10~13mg를 섭취해야 한다.

만일 철분이 부족하면 빈혈이 오고, 피로하기 쉽고, 건망증이 많아진다. 또 유아기에는 발육이 늦어지기도 한다. 철분의 흡수를 위해서는 양질의 단백질이 반드시 필요하며 특히 적혈구는 비타민 $B_2$, $B_6$, C가 없으면 만들어지지 않는다. 빈혈을 방지하기 위해서는 철분과 함께 위의 명시된 영양도 동시에 섭취해야 한다. 김, 미역, 다시마는 철분 뿐만 아니라 다른 영양소를 골고루 함유하고 있어 철분의 공급원으로는 이상적인 식품이다.

### 해조류는 나트륨을 배설시키는 칼륨의 보고

나트륨은 인체에 약 100g이 들어 있으며 주로 식염 상태로 섭취된다. 그리고 칼륨은 약 200g이 들어 있는데 인산염이나 단백질과 함께 세포 속에 들어 있다. 나트륨에는 혈압을 상승시키는 작용이 있다. 식염은 사람에게 매우 필요한 것이지만 과다하게 섭취하면 뇌출혈, 고혈압의 원인이 된다.

그러나 미역, 다시마에 들어있는 알긴산이나 감자에 많은 펙틴 등의 식물섬유와 같이 먹으면 나트륨의 해를 방지할 수 있다. 이들 섬유의 대부분은 음식물 속에서 칼륨과 결합하여 있다. 이것이 위속에 머물러 있는 동안에 강한 위산의 작용으로 칼륨이 분리된다. 그리고 장으로 들어가면 알칼리성의 작용으로 칼륨과 분리된 섬유가 나트륨과 결합한다. 그리고 자유로워진 칼륨은 장에서 흡수되어 혈압을 떨어지게 한다. 그리고 나트륨과 결합한 섬유는 그대로 체외로까지 나트륨을 실어낸다. 이런 종류의 식물섬유는 이와같이 2중작용으로 혈압상승을 방지하고 하강을 돕게 된다.

칼륨과 나트륨의 필요량은 하루 섭취량을 10g 이하로 조절하도록 권장하고 있으나 실제적으로는 그렇게 되기 어렵다. 왜냐하면 나트륨은 과다하게 섭취하게 되고 칼륨은 적게 섭취하고 있기 때문이다. 그러므로 나트륨은 적게 섭취하고 칼륨을 더 섭취 하는 노력이 필요하다. 김에는 나트륨의 17.5배, 다시마에는 2.2배, 톳에는 3.1배의 칼륨이 더 들어있다. 이와 같이 대부분의 해조는 칼륨과 나트륨의 균형을 맞추기에 효과적이다.

### 해조류는 요오드의 공급원

요오드는 갑상선 호르몬인 티록신의 주성분이다. 이 호르몬은 인간의 성장기에는 발육을 촉진하고 성인에게는 기초대사를 활발하게 한다. 해조류는 혈액을 구성하는 요오드를 보충해서 피를 맑게 하고 뇌에 맑은 혈액을 공급해 주는 역할을 한다. 요오드가 부족하면 발육 부진 및 지능개발에 악영향을 끼치므로 해조류를  많이 먹는 것이 좋다. 잠재적인 결핍상태이면 뚱뚱해지거나 피로가 빨리 온다. 요오드의 필요량은 하루에 0.1~0.3mg으로 김은 1장, 다시마는 네모가 2Cm 크기의 한 조각, 미역은 1~4g이면 보충된다. 그러므로 좋은 식품으로는 미역, 김, 파래, 다시마 등이다.

### 악성 빈혈 치료 최대 관건은 비타민 B12가 풍부한 "김"

알칼리 식품의 대표격인 김은 홍조류의 해조를 말려 만든 것으로 필수 아미노산을 비롯, 미네랄이 풍부하며 특히 비타민 B12를 함유하고 있어 빈혈 예방에 좋다. 마른 김 2장에 1일 비타민 B12가 필요량이 함유 되어 있다고 한다. 김은 빈혈의 또 다른 원인인 위궤양에도 좋은 비타민 U라는 항궤양성 물질을 함유하고 있다.

## 다시마

일반적으로 곡류에는 칼슘보다 인이 많아 흡수율이 낮지만 다시마에는 칼슘 함유량이 높다. 그리고 지방대사에 필수적인 구실을 하는 갑상선호르몬을 만드는 요오드를 가지고 있다. 조미료의 가장 기본이 되는 식품으로 현재 화학조미료의 주성분인 글루타민산이라는 것이 다시마가 지닌 특유의 맛을 연구하면서 만들어진 것이다. 그러므로 화학조미료를 사용하는 대신 다시마 가루를 만들어 두었다가 사용하면 좋다. 다시마 겉면에 묻어있는 하얀 가루를 깨끗한 행주로 닦아낸 다음 물기를 완전히 말린다. 말린 다시마를 석쇠에 놓고 은근한 불에서 굽는다. 구운 다시마를 믹서에 갈아서 가루를 만들어 조미료로 사용한다. 타우린은 단백질을 구성하는 아미노산은 아니지만 시력보호나 어린이의 두뇌발육에 필요하다. 타우린은 김 100g 중에 평균 1,400mg, 다시마에는 200mg정도가 함유되어 있다.

### 미역

강 알칼리식품으로 성장기 어린이에게 칼슘이 많이 들어있는 미역이 좋다. 골격이 형성되는 시기인 어린이들의 치아와 뼈를 튼튼하게 해주며 칼슘의 흡수를 도와주는 성분이 함께 들어 있어서 성장기 어린이와 산모의 산후조리에는 필수 음식이라고 할 수 있다. 미역에는 머리를 맑게 해주는 영양소인 칼륨, 두뇌발달과 관련이 있는 갑상선 호르몬의 재료인 요오드가 많이 들어 있다. 또 피를 맑게 해주어 혈액순환이 잘 되게 한다.

### 녹조류(파래, 청각, 청태)

엽록소를 다량 함유하고 있어 왕성하게 광합성 작용을 하여 녹말을 만든다. 녹조류의 엽상체는 매우 투명한 녹색을 지니고 있는데 색소체로는 엽록체, $\beta$-카로틴, 크산토필계의 루테인이라는 색소를 지니고 있다. 녹조류는 주로 얕은 바닷물 속에서 서식하고 있으며 잎파래같은 것은 비교적 깊은 바다 저층에서 대량 번식한다.

녹조류 중에서 대표적인 식품으로는 파래를 들 수 있다. 파래는 시각적으로 시원하고, 미각적으로 신선한 느낌을 준다. 파래는 다양한 영양가를 지니고 있다. 3대 영양소 중에서 탄수화물과 단백질이 매우 풍부하여 체구성물질로서 뿐만 아니라 열량 면에서도 대단히 우수한 식품이다. 파래에는 비타민 A가 다량으로 포함되어 있을 뿐만 아니라 비타민 $B_1$(티아민), 리보플라빈, 나이아신도 상당량 들어 있다. 미네랄로는 칼슘과 철분이 많이 들어 있다.

### 톳

톳은 칼슘 함유량이 우유의 14배나 되는 칼슘의 보고이다. 우리들의 몸에 실제로 필요한 철분의 양은 하루 1mg정도이나, 10mg을 섭취하라고 권장하는 이유는 흡수율이 나쁘기 때문이다. 다시 말해, 흡수율을 올리는 것이 가능하다면, 같은 양을 섭취하여도 미네랄은 더욱더 많이 우리 몸 속의 영양분으로 이용할 수 있다는 말이 된다. 톳은 철분흡수율이 좋은 식품이다.

톳의 특징은 식이섬유 중에서도 알긴산을 다량 함유하고 있는 것이다. 이것은 미역에도 공통되는 점이지만, 더더욱 톳에는 칼슘과 철분이 다량 함유되어 있다. 또한 철은 비타민 C와 같이 섭취하면 흡수율이 올라간다. 몸 속에 흡수되는 철은 단백질과 결합하여 작용하기 때문에, 단백질과 같이 섭취하는 것도 철분을 효과적으로 활용하게 하는 방법이다.

톳 요리에도 이러한 류의 보조 영양분을 섞음으로 해서 톳의 영양분을 효율적으로 이용 할 수 있는 것이다. 톳도 미역과 같이 갈조류군으로 수용성 식이섬유인 알긴산을 함유하고 있기 때문에, 물에 과하게 불리지 않도록 한다. 톳을 물에 불려두면, 물이 검은 색을 띄게 되지만, 이것은 알긴산뿐만 아니라, 철분이나 색소 등의 톳 성분이 녹아 나오는 것이다. 불린 물은 버리지 말고 같이 요리에 쓰면 톳의 영양성분을 더욱더 효과있게 흡수 한다.

Part 07

# 두뇌 활동을 방해하는 식품

## 1. 과자류

쿠키는 밀가루, 버터, 달걀로 된 반죽 위에 초콜릿 다진 것을 얹어 구운 과자이다. 비스킷 또한 밀가루를 주원료로 하여 지방, 우유, 버터, 달걀, 당분, 향료 등을 섞어서 반죽하여 여러 모양의 틀에 구워낸 마른 과자이다.

영양가는 없으면서 적은 양으로도 혈당치를 급상승시키고 공복감을 해소시켜주는 과자의 달콤한 맛과 향, 알고 보면 설탕과 기름에 의한 첨가물에서 나온 것임을 알 수 있다. 스낵 과자들은 모양만 봐도 무슨 과자인지 알 수 있을 정도로 우리가 자주 먹는 과자들인데 이러한 것들은 항산화제와 팽창제, 화학조미료 등을 버무린 밀가루 반죽이다. 이렇게 과자 속에 들어가는 각종 첨가물들이 뇌기능을 저하시킬 수 있다.

과자 종류에는 '아황산계 표백제' 와 같은 첨가물이 무려 348종이나 쓰인다. 한 과자마다 원재료 외에도 최소한 수십 가지의 첨가물이 들어가 있다. 첨가물은 과자를 만드는 천연 물질 외에 보존성을 높이고 맛, 향, 외관 등을 개선하기 위해 첨가하는 물질이다. 또한 이러한 화학 첨가물로 인한 면역 저하, 발육장애, 난폭증, 비만 등의 부작용이 나타나고 있다. 이제 과자나 가공식품에 어떤 화학첨가물이 있는지 표시성분을 잘 살펴보고 구입하는 습관을 길러야 할 것이다.

### 색깔과 빛깔을 좋게 하기 위한 색소

황색 4호 등의 합성착색료가 몸안에 들어가면 메틸니트로소 효소와 에틸니트로소 효소라는 유해물질이 생기게 된다. 결국 이 물질이 인간의 뇌 가운데 뭔가 하고자 하는 의욕을 관장하는 전두엽에 상처를 입혀 의욕을 상실케 한다. 우리 몸에는 전두엽에 유해물질이 들어가는 것을 막는 검문소가 있는데 합성색

소는 철분이나 효소와 어울려 쉽게 전두엽까지 침범해 들어간다. 때문에 이 검문소 기능이 제대로 발달되어 있지 않는 0~3세의 유아에겐 더욱 치명적인 것으로 나타났다.

### 과도한 설탕섭취와 저혈당에 의한 정서기능 약화

설탕을 많이 섭취하면 일시적으로 고혈당이 되지만 시간이 지나면서 저혈당 상태가 되는 경우가 많다. 저혈당이 되면 뇌세포에 포도당이 충분히 공급되지 못하므로 지적기능과 정서가 약해진다. 과일과 곡류와 같이 정제하지 않은 상태로 탄수화물을 섭취하면 섬유질이 혈당을 일정하게 유지하도록 돕는다. 그러나 정제된 당이 들어가면 섬유질이 없기 때문에 장에서 포도당이 신속하게 혈관으로 흡수되어 혈당이 급상승한다. 혈당이 상승하면 이것을 처리하기 위해서 췌장에서는 인슐린을 대량으로 분비한다. 그리고 이내 저혈당이 되기 때문에 뇌세포에서는 포도당이 부족하여 전두엽을 비롯한 뇌기능이 떨어지게 된다. 전두엽이 하는 일은 판단, 추리, 지성과 의지를 담당 하는데, 다량의 설탕은 취학 연령 아이들의 전두엽에 해를 주는 것으로 밝혀졌다. 과자에는 많은 양의 설탕이 함유되어 있다는 것을 기억해야만 한다.

설탕은 정제당이기 때문에 비타민 $B_1$이 거의 없다. 설탕을 과도하게 섭취하면 설탕을 대사하는 과정에서 비타민 $B_1$이 다 소비되기 때문에 뇌세포에서 비타민 $B_1$이 결핍된다. 뇌세포가 비타민 $B_1$이 결핍되면 쉽게 피곤해 지고 집중력이 저하된다.

### 아이들을 난폭하게 만드는 산화방지제

기름은 공기 중의 산소와 결합하여 산화되고 비타민 C를 파괴한다. 기름이 산화된 과산화물은 설사, 복통 등 소화장애를 일으키고 노화의 원인이 되기도 한다. 이러한 기름의 산화를 방지하기 위해 '산화방지제' 로 BHA, BHT를 첨가하는데 이 물질은 아이들을 난폭하게 만든다.

## 2. 초콜릿

초콜릿은 열대 지방의 카카오 나무 열매인 카카오 콩을 발효시켜 볶아서 가루로 만든 카카오 매스를 주원료로 하여 거기에 설탕, 분유, 버터, 유지, 향료 등을 넣어 만드는데 고열량 과자이다. 초콜릿을 한번 먹어 보면 그 달콤함 때문에 자꾸 찾게 된다. 게다가 요즘은 유치원생까지 발렌타인데이 상술에 말려 초콜릿 시장이 호황을 누리고 있다.

초콜릿을 자주 먹게 되면 혈당이 급격히 상승했다가 하강하여 저혈당 상태가 되는 현상이 반복되면서 뇌세포에 영양 공급이 일정하게 되지 못하기 때문에 뇌기능이 저하되고 신경질적인 성격이 형성될 수 있다.

초콜릿에는 신경을 자극하는 성분인 '데오브로민(Theobromines)' 이 함유되어 있다. 이 '데오브로민(Theobromines)' 은 본래 메틸크산틴이며 중추신경계를 자극하여 불면증, 가려움증 및 사람을 의기소침하게 만드는 물질로서 뇌세포의 건강을 해치는 성분이다.

### 쓴 맛을 감추기 위해 첨가된 각종 첨가물

맛있는 초콜릿이 되게 하기 위해 많은 양의 설탕과 기름을 첨가한다. 이러한 것들은 소화를 방해하며 발효되게 하는 원인이 된다. 초콜릿은 0.45~0.49%의 수산(Oxalic Acid)을 함유하고 있다. 수산은 불용성화합물, 흡수되지 않고 몸을 지나가는 칼슘수산염을 형성하기 위해 칼슘과 결합하므로 칼슘부족 현상을 초래한다.

칼슘은 신경세포 안에서 자극을 전달하는 통신역할을 담당하고, 신경의 흥분을 억누르는 작용을 한다. 따라서 초콜릿을 즐겨 먹으면 칼슘이 부족해지고 뇌신경세포의 신호가 전달되는 통신기능이 저하되며, 신경작용이 둔해져서 초조함을 나타내게 될 수 있다.

## 숨어 있는 카페인

카페인은 중추신경을 자극하며, 이뇨를 촉진시킬 뿐만 아니라 비록 논란의 여지는 남아있지만 심근 근육을 수축시켜 혈압을 상승시키고 철분 흡수를 방해하며 불면증을 유발시킨다. 하루 종일 콜라, 코코아, 초콜릿 등을 물고 사는 아이들이 섭취하는 카페인 양은 만만치 않을 것이다. 게다가 아이들이 많이 먹는 알록달록한 새알 모양의 초콜릿은 각종 색소로 물들여져 있어 더 심각하다. 색소는 알레르기, 천식 등을 유발한다고 알려져 있다.

## 초콜릿 대체식품

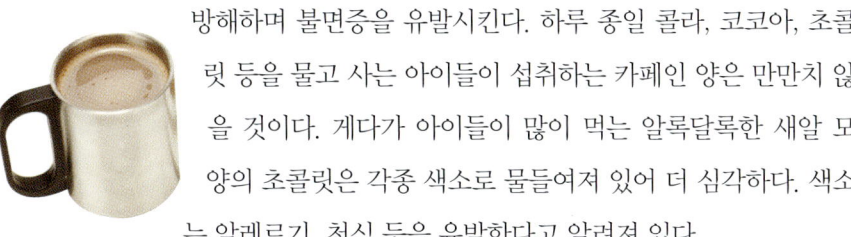

초콜릿이 건강에 나쁘다고는 하지만 이미 많은 어린이들의 입맛을 사로잡았기 때문에 갑자기 먹지 못하도록 금지시키는 것이 부모들 입장에서는 쉽지 않을 것이다. 이 때 초콜릿 대체식품으로 케롭을 사용할 수 있다. 많은 만성질환자들을 천연치료법으로 치료하고 있는 아가다 트레쉬(Agatha M.Thrash, MD) 박사는 “케롭은 초콜릿보다 훨씬 좋은 산물이다. 그것은 메틸크산틴을 함유하고 있지 않고, 설탕을 필요로 하지 않으며 천연적으로 약간 달게 되어 있다. 나쁜 냄새를 없애기 위해 발효시킬 필요도 없다. 나는 케롭을 초콜릿 대용품으로 추천하는 바이다.” 라고 말한다.

케롭은 케롭나무에서 생산되며 식물학적 명칭은 ‘세라토니아 실리쿠아(Ceratonia Siliqua)’ 이다. 대개 중동지방에서 자라며, 콩과에

속하고 열매를 말리고 잘 갈아서 케롭 가루를 만든다. 색깔도 초콜릿 색깔과 흡사하며 모양도 비슷하게 만들어져 있다. 케롭은 많은 양의 자연 당분(46%)을 함유하고 있다. 또한 단백질과 비타민, 칼슘, 마그네슘, 칼륨과 같은 무기질을 함유하고 있다. 미량무기질인 철, 망간, 크롬, 구리, 니켈도 함유하고 있다. 또한 초콜릿과 비교해 볼 때 케롭은 칼슘이 3배나 더 많이 들어 있으나 열량은 1/3정도가 적고 지방은 17배가 적다. 케롭은 소화에 도움을 주는 펙틴(Pectine)의 풍부한 공급원이다.

**수험생이 피해야할 음식**

게, 새우 등을 많이 먹으면 졸음을 유발하며, 인스턴트 식품은 인공첨가물이 많아 뇌세포의 기능을 저하시킨다. 또한 커피, 홍차, 초콜릿 등은 뇌중추신경을 교란시키고 위벽을 헐게 만들기 때문에 자제하는 것이 현명하다. 호주에서 전국 과학주간 행사의 일환으로 최근 온라인으로 실시된 기억력 테스트에 1만 2천 700명 이상이 참여했는데 그 결과 매일 초콜릿을 먹는 사람들은 단 것을 멀리하는 사람들보다 기억력이 나쁜 것으로 나타났다.

## 3. 커피

차는 일종의 자극제와 같은 작용을 하므로 어느 정도 중독을 일으킨다. 커피와 그 외의 음료들도 비슷한 작용을 한다. 먹으면 첫째로 기분이 유쾌해지고 위장의 신경이 흥분된다. 그리고 이 흥분된 신경은 그 자극을 뇌에 전하고 뇌는 다시 흥분되어 더 큰 자극을 심장에 주게 되어 순간적인 원기를 전 신체 조직에 준다. 피로를 잊고 기운이 증가되는 듯 하다. 정신이 들고 생각이 더욱 명확해진다. 이런 결과들 때문에 많은 사람들은 그들이 마시는 차나 커피가 자신들에게 대단한 유익을 주는 것이라고 생각 한다. 그러나 이것은 허상의 에너지이다.

달콤한 휴식의 대명사 커피 한잔이 고칼로리의 대명사 햄버거보다 더 높은 칼로리를 자랑하는 정크푸드라는 사실을 아는 사람들은 많지 않다. 유명 S 커피전문점에서 1년 이상 재직한 직원들은 하나같이 체중이 늘어가는 것을 이상하게 여겨 음료와 제과들에 대해 영양성분 조사를 의뢰해봤다. 그 결과 S커피전문점에서 파는 커피는 높은 칼로리는 물론 엄청난 트랜스지방을 함유하고 있었다. 정크푸드라는 말을 만들어낸 마이클 제이콥스가 대표로 있는 공학과학센터(CSPI)의 조사에 따르면 S커피전문점의 대표적인 커피의 열량은 M사 햄버거 가게에서 파는 커피에 11개의 크림과 29개의 설탕을 넣는 것과 같았다. 휘핑크림을 섞어 만든 이 커피의 열량은 650Cal(24온스 기준)에 달하는 것으로 나타났다. 역시 휘핑크림과 함께 먹는 20온스짜리 카페모카의 경우 열량이 490Cal에 이르는 것으로 지적되었다. 이와같이 트랜스 지방산이 포함된 커피를 즐겨 마시면 뇌세포의 기능도 저하될 수 밖에 없다.

## 카페인

카페인은 주로 커피, 초콜릿, 녹차, 홍차, 두통약, 각종 드링크 등에 많이 들어 있다. 여기에 들어 있는 카페인은 우리 신경계에 직접적인 자극을 주지는 않는다. 대신 두뇌와 척추세포들의 활동을 억제하는 체내 화학물질인 아데노신의 활성을 떨어뜨린다. 그렇게 되면 신경세포의 활동을 억제시키는 기능을 가진 아데노신의 활성이 떨어져서 신경세포의 활동이 활발해진다. 그래서 기운이 나는 듯이 느껴지지만 다만 신경의 흥분일 뿐이다.

그 자극의 영향이 사라지면 비정상적인 힘은 빠지고 그 결과 그만큼 쇠약해진다. 그러므로 머리가 피곤할 때 카페인을 섭취하면 그 후에 더 큰 에너지 고갈을 초래하기

때문에, 생수를 마시고 잠시 머리를 쉬어 주는 것이 더 좋은 방법이다.

### 식품첨가물 덩어리 커피 프림

프림은 우유로 만든다고 착각하기 쉽지만 주원료는 유지이다. 여기에 물을 부은 뒤 분리되는 것을 막기 위해 유화제, 보전기간을 늘리는 PH 조정제, 착색제 및 향료로 맛과 향과 색깔을 낸다. 물을 기름과 섞어 우유처럼 만드는데 우유 특유의 끈적끈적함이 없다. 그러므로 끈끈함을 만들어 내는 증점제를 넣고 마지막으로 캐러멜 색소로 마무리를 한다.

카페인과 프림, 설탕을 넣어서 마시는 커피는 일시적으로 정신을 자극한다. 그러나 그 여파는 지력과 도덕력 및 체력의 쇠약과 탈진 및 마비이다. 정신은 무력해진다. 그러므로 단호한 노력으로 그 습관이 정복되지 않는다면 두뇌의 활동이 영구히 약해진다. 이 모든 신경 자극물들은 생명력을 약하게 하고 있다.

커피의 향처럼 좋은 향이 또 있을까 싶을 정도로 좋은 향을 가진 커피이지만 우리 두뇌에 악 영향을 끼치므로 커피 대신 물을 마시는 습관을 기르도록 해야 할 것이다.

## 4. 아이스크림과 빙과류

입 속의 잠깐 즐거움을 위해 무분별하게 사용되고 있는 합성물질들로부터 우리의 몸을 보호하려는 노력은 이제 시급한 문제가 되고 있다. 아이스크림의 주원료는 물과 지방, 당분이다. 문제는 이들이 잘 섞이게 하기 위해 넣는 유화제, 안정제, 색소, 향료 등 첨가물들이다.

부드럽고 달콤한 연한 아이보리 색깔의 바닐라맛 아이스크림, 새콤하고 상큼한 망고, 산딸기, 녹차 아이스크림, 쿠기와 토핑을 올려놓은 소프트한 아이스크림은 단맛을 내게 하기 위해 설탕의 수백 배의 효과를 내는 물질인 돌신, 아스파테임, 사이클러 메이트, 사카린나트륨이라는 감미료가 들어있어 소화기 및 콩팥 장애, 발암성을 일으킨다고 한다.

소비욕구 충족을 위해 형형색색의 아름다운 색깔은 석유 원료 타르계 색소 즉, 적색 2호와 3호, 황색 4호와 5호 등의 착색료를 사용하는데, 빙과류는 100% 이러한 색소들을 사용하고 있으며, 게다가 여러 종류의 색을 혼합해서 사용할 경우 상승 작용이 일어날 수도 있고 이는 뇌세포의 정상적인 기능들을 방해하고 과격한 행동이나 알레르기 혹은 암을 유발할 수 있다.

### 초콜릿 아아스크림과 빙과류

맛과 색을 내기 위해 카라멜 색소 혹은 준초콜릿이 사용되기도 한다. 카카오 함량이 적은 저급 초콜릿에 해당하는 준초콜릿은 트랜스 지방산이 많은 것이 특징이다. 특히 우유를 사용하는 아이스크림에는 몸에 나쁜 트랜스 지방이 많이 함유되어 있으며 우유를 사용하지 않는 빙과류에는 설탕과 물엿 등의 정제물이 과도하게 함유돼 있다. 이렇게 빙과류 속에 많이 함우되어 있는 트랜스지방산과 정제당은 뇌세포의 기능을 저하시키는 일을 하게 된다.

### 식품첨가물 유화제와 안정제

아이스크림의 부드러움을 결정하는 가장 중요한 요소는 공기인데 아이스크림을 만드는 과정에서 우유, 크림, 분유, 설탕 등을 섞어 얼릴 때 공기를 주입하는데 주입 양에 따라 부드러움의 차이가 나는 것이다. 그러나 이때 녹아 흘러내리는 것을 방지하기 위해 쓰는 안정제는 발암물질을 비롯한 위험한 화학물질의 흡수를 촉진한다.

유화제로 쓰이는 물질의 경우, 체내에서 해로운 물질이 체액과 잘 섞이게 해주는 역할을 한다. 쥐를 대상으로 한 실험에서 유화제가 신장에 문제를 일으키고 기형발생을 촉진할 수 있다는 결과가 나왔다. 안정제 역시 그 성분인 '카라기난' 이 일본에서 위험등급 4등급으로 분류되어 암을 유발한다는 보고로 논란을 불러 일으켰던 물질이다.

## 5. 사탕, 젤리

### 먹을수록 손해보는 사탕, 젤리

사탕류에서 가장 문제가 되는 첨가물은 역시 색소였다. 조사된 사탕류 가운데 목캔디를 제외한 거의 대부분의 사탕에는 황색 4호, 황색 5호, 적색 2호, 청색 1호 등의 색소가 사용되었다.

입속에 넣으면 살살 녹는 부드러운 맛으로  어린이들로부터 할아버지, 할머니들에 이르기까지  남녀노소를 막론하고 누구에게나 사랑 받고 있는 사탕은 모양도 깜찍할 뿐만 아니라 그 이름도 과일맛 사탕, 허브맛 사탕, 막대사탕, 이빨 안썩는 사탕 등 다양하다.

사탕의 원료를 보면 설탕 외에 물엿, 유제품(버터, 연유, 분유, 크림), 식용유지(야자유, 카카오기름), 벌꿀, 포도당, 거품제(젤라틴, 난백), 콩류(땅콩), 가공한 과실(건포도, 설탕에 절인 오렌지 껍질, 앵두, 복숭아 등), 향료, 착색료 등 수없이 많다. 이들 원료를 조합하는 방식에 따라 종류가 다른 캔디가 만들어지며, 설탕을 단독으로 사용한 캔디는 많지 않은데, 차이나 마블, 콘페티 등이 그것이다. 설탕 다음으로 물엿이 중요한 원료인데, 설탕에 물엿을 섞어 씀으로써, 캔디 안의 설탕이 결정이 되어 나오는 것을 방지하고, 단맛을 적당히 주며, 모양을 만들 수 있게 된다.

## 발암성 물질이자 알러지를 유발하는 색소

거의 모든 사탕제품에 황색 4호, 황색 5호, 적색 2호, 청색 1호 등의 색소가 사용된다. 이것들은 타르 색소류이다. 사탕과 빙과류, 껌 초콜릿, 음료 등 시판 제품 가운데 각종 타르 색소류가 검출되었는데 사탕류가 66%로 가장 높았다. 어린이들이 즐겨 먹는 캔디류(6종)와 아이스크림 제품류(6종)에 함유된 타르 색소의 종류와 함량을 분석하여 12세 어린이(평균 체중 43.5kg)에 대한 타르색소의 일일섭취 허용량과 비교한 결과, 2종의 제품에서 1개 섭취만으로 일일섭취 허용량의 약 9.5%에 이르러 같은 색소가 첨가되는 타 가공식품의 섭취를 고려할 때 동 제품의 타르색소 함량은 과잉 섭취를 초래할 우려가 높은 것으로 나타났다.

타르 색소의 독성은 소화효소의 작용저지 및 간장(肝臟), 신장(腎臟)에 장애를 초래할 수 있다. 대부분의 식품에서 단일 색소를 사용하기보다는 여러 가지 타르색소를 혼합하여 사용하는 경우가 많아 상승효과로 인한 위해성도 우려되고 있는 현실이다.

시민 환경연구소는 '나이가 어릴수록 타르 색소에 노출확률이 커 주의가 요구된다' 고 하였다. 또한 적색 2호, 적색 3호, 적색 40호, 청색 1호 등은 세계적으로 발암증거가 확인되었거나 선진국에서 사용금지를 고려하고 있는 것들이라고 한다. 어린이 건강에 영향을 미치는 타르 색소의 사용금지가 필요하다. 그러나 우리나라는 현재 타르 색소 함량기준이 없는 상태이다. 예를 들면 법적으로 적색 2호에 대한 별도 표시기준이 없는 상황에서, '합성착색료' 라는 기준에 맞춰 표기를 했으므로 업체들은 법적 기준을 준수한 것이라고 한다. 이러한 색소를 넣은 사탕을 먹게 되면 아토피성 피부염, 비염, 천식 등의 알러지를 유발할 수도 있다. 어린이들은 식품을 선택할 때 제품의 품질이나 안전성 등을 고려하지 않고 좀 더 자극적인 맛, 독특한 모양, 화려한 색상의 제품을 선호하는 경향이 있다. 이같은 어

린이들의 특성을 감안할 때, 어린이들이 좋아하고 섭취하기 쉬운 기호식품의 안전실태는 매우 중요한 의미를 갖는다.

### 사탕을 먹으면 왜 이가 썩는가?

충치는 입안에 있는 미생물에 의해 탄수화물이 분해되면서 일어나는데, 입 안에 탄수화물이 있거나 이 표면에 당분이 붙어 있을 때 생긴다. 식사 후 2~3시간 뒤면 눈으로는 볼 수 없지만 이의 표면에 '플라크' 라는 것이 생긴다. 이 플라크는 구강미생물과 당분으로 구성돼 있다. 미생물이 당분을 영양원 삼아 번식해 산을 만들고 이 산이 이의 세포막(에나멜질)을 부식시키는 것이다. 설탕은 당분이 농축된 상태로 돼 있고 점도가 높아 치아에 견고하게 달라붙는 성질이 있어 충치의 주원인이 된다. 일반적으로 구강미생물의 생육이 가장 활발한 시점은 설탕을 먹고 난 뒤 20분 후이다. 그 안에 이를 닦아야 충치를 예방할 수 있다.

## 6. 청량음료

사이다를 즐겨 마시는 것은 그 톡 쏘는 고유의 맛 때문인데 이것은 사이다에 이산화탄소가 녹아 있기 때문이며, 그래서 사이다를 탄산음료라고 부른다. 이산화탄소가 물에 녹으면 탄산이 되는데 이러한 탄산음료는 톡 쏘는 맛과 먹고 난 후 위를 시원하게 해주는 느낌 때문에 청량음료라고도 불린다. 어느 정도 마시면 톡 쏘는 맛이 짜릿하고 시원하게 느껴지지만 청량음료에는 알레르기를 일으키고 발암성이 있는 것으로 알려진 합성 착색료가 들어 있다.

인공감미료인 아스파탐은 뇌종양을 일으킬 가능성이 있다고 미국에서 보고 된바가 있으며 또 방부제인 안식향산은 기준치 이하라도 몸에 쌓이면 구토, 복통, 설사를 일으킬 수 있고, 모두 배설되지 않아 몸에 축적된다.

청량음료에 들어가는 여러 가지 첨가물 중 또 문제가 되는 것은 식용색소이다. 식용색소 황색 5호의 경우 천식, 두드러기, 콧물의 주요 원인일 수 있으며, 자라나는 아이들이 과잉행동을 유발시킬 수 있고, 기타 색소들도 어린이들의 행동 장애를 일으킬 수 있다.

특별히 청량음료들은 어린 아이들에게 위험한데 그들의 작은 몸속에 카페인과 설탕이 더 많이 농축되기 때문이다 만일 아이가 콜라 2~3컵을 마시면 어른이 8컵을 마실 때처럼 똑같은 자극성이 있다고 한다.

콜라 속에 들어있는 카페인은 몸 안에서 공격형 호르몬 분비를 촉진하여, 아이들을 산만하고 공격적인 아이로 만들 뿐만 아니라 어린이의 발달과 두뇌성장에 크게 영향을 줄 있다는 연구가 나오고 있다. 또한 설탕이 13%를 차지하는 콜라를 너무 많이 먹으면 아이들의 지능을 떨어뜨리고 정서가 불안해진다. 설탕을 너무 많이 먹으면 면역력이 떨어지고 뇌 대사가 불안정해지기 때문이다.

콜라는 거의 화공약품 수준이다. 비프스테이크를 콜라로 채워진 대접에 넣어두면 2일 안에 그 고기 덩어리가 다 삭아버린다. 변기에 묻어있는 때는 콜라에 함유된 시트르산이 말끔히 제거해 준다. 콜라의 주요성분은 인산인데 그 PH 농도가 2.8이다. 그 정도의 PH이면 보통 크기의 못을 4일 내에 녹여 버린다.

최근 발표된 한 연구 결과에 따르면 12온스 짜리 사이다 캔 1개에 들어 있는 당분은 40~50g, 이는 설탕을 티스픈으로 10순가락이나 먹는 것이다. 흔히 '콜라가 몸에 좋지 않아서 그 대신 사이다를 마신다' 는 사람들이 많다. 하지만 사이다도 건강에 해로운 것은 마찬가지다. 특히 당분의 경우 콜라에는 100㎖당 13g가 들어있고, 사이다에도 100㎖당 10~12g이 들어 있다.

아이들이 즐겨 마시는 환타와 스포츠 건강음료로 알려진것 역시 청량음료에 들어있는 주요원료 이외에 구연산, 백설탕, 비타민 C, 사과산 등이며, 그중에 합성착색료가 더 첨가되어 있다는 것을 기억해야만 한다. 특히 어린이들이 우유에 타먹는 바나나맛과 레몬맛 속에는 합성 착색료인 황색 4호와 황색 5호가 나란히 들어가 있다. 합성착색료는 인간의 뇌 가운데 뭔가

하고자 하는 의욕을 관장하는 전두엽에 상처를 입혀 의욕을 상실케 한다. 우리 몸에는 전두엽에 유해물질이 들어가는 것을 막는 검문소가 있는데 합성색소는 철분이나 효소와 어울려 쉽게 전두엽까지 침범해 들어간다. 때문에 이 검문소 기능이 제대로 발달되어 있지 않는 0~3세의 유아에겐 더욱 치명적인 것으로 나타났다.

따라서 건강을 위해선 청량음료 대신 차가운 생수나 보리차, 오미자차, 집에서 만든 식혜 등을 마시는 것이 좋다. 또한 수박이나 멜론, 참외 등 물 많은 과일도 갈증을 해소하는데 도움이 된다.

## 7. 흡연과 알코올

풀리지 않는 문제가 있다고 술과 흡연을 하게 되는 것은 좋지 않은 습관이다. 가벼운 산책, 운동으로 기분을 전환하는 것이 좋다. 그런 다음 다시 부딪치면 의외로 쉽게 해결책이 떠오를 수도 있다. 잠깐의 휴식이 뇌에 활력을 주는 것이다.

### 흡연

우리나라 남자들의 흡연율은 세계에서 1, 2위를 다툴 정도로 높다. 담배는 습관이 아니다. 이미 세계 보건기구는 담배를 마약으로 규정했다. 습관이 아니라 중독되는 것이다. 담배를 피우는 사람들은 순한 담배를 찾거나, 필터를 함께 쓰거나, 양을 줄이거나 하는 등의 방법으로 피해를 줄여보려고 애를 쓰지만 사실 이런

방법은 아무 효과가 없다. 중독성이 너무 강해서 줄이기는 힘들고, 늘이기는 쉽기 때문이다.

담배는 뇌에 치명적이다. 담배를 피우면 뇌혈관이 수축되어 뇌로 가는 혈액량이 감소하고 혈중 일산화탄소 농도가 높아지면서 산소 공급을 차단해 뇌세포에 손상을 일으킨다는 것은 이미 누구나 알고 있는 상식이다. 뇌는 산소 결핍에 가장 민감한 장기다. 뿐만 아니라 담배가 타면서 발생하는 여러 가지 유해물질과 활성산소가 직간접적으로 뇌세포를 손상시킨다. 담배 연기 속에 들어있는 벤조피렌은 비타민 C 방해작용을 한다. 비타민 C의 가장 대표적인 기능이 단백질과 콜라겐을 합성하는데 있어서 비타민 C의 역할이다. 비타민 C는 세포들과 조직들을 서로 결합시키는 결체조직의 주요 성분인 콜라겐 형성에 필요하다. 만일 비타민 C가 결핍되면 카르니틴의 생합성이 저하됨으로써 혈액에 중성지방이 축적되고 괴혈병에서 나타날 수 있는 피로와 권태감의 원인이 될 수 있다.

흡연자들은 비흡연자들보다 혈청의 비타민 C 농도가 20~40% 정도 낮은 것으로 나타났다. 주된 원인으로는 흡연자들의 대사 전환율이 비흡연자들 보다 더욱 빨라지고 비타민 C의 요로 배출시간이 단축되었기 때문인 것으로 보인다. 따라서 같은 양의 비타민 C를 섭취했을 때 대사속도가 증가되는 흡연자들은 비흡연자들보다 체내 저장량이 적으므로, 흡연자들은 잠재성 비타민 C 결핍증으로 진행될 위험이 비흡연자들보다 크다.

서울백병원 신경정신과 김원 교수는 "건망증의 원인인 과도한 스트레스가 계속 쌓이고 술, 담배를 가까이 할수록 두뇌 노화가 촉진 된다" 고 경고했다. 물론 두뇌뿐만 아니라 전반적인 건강상태가 나빠져 질병에 대한 저항력도 약해진다.

활성산소

우리 몸을 괴롭히는 활성산소는 초과산화수소이온, 과산화수소, OH(하이드록시 라디칼), 싱클레트 옥시전 등 총 4종류다. 이 가운데 '물 분자' 에 추가로 '산소원자' 하나를 달고 있는 형태를 지닌 과산화수소는 늘 혹과 같은 산소원자를 상대방에게 건네고 자신은 안정된 물 분자 형태를 취하려는 욕망을 지니고 있다. 그래서 반응성이 뛰어나다.
이런 활성산소들은 우리 몸의 기본단위인 세포의 세포막을 공격해서 원 세포 기능을 상실하게 만들고, 세포 내에 있는 유전자를 공격해서 해당 세포의 재생도 못하도록 막는다. 이는 결국에는 신호전달체계를 망가뜨려 체내 질병으로 이어지게 된다. 이처럼 호흡하는 과정 중에서 생성되는 활성산소는 자외선이나 방사선, 농약, 살충제, 담배연기 등에 과다 노출될 때 체내에서 그 양이 급격하게 증가한다.

## 알코올

알코올은 뇌에 어떤 영향을 미칠까. 알코올 중독인 경우에는 정상인에 비해 뇌의 활동영역이 훨씬 줄어들어 있다고 한다. 뇌의 전두엽이 위축돼 기억력, 업무능력이 떨어지기 쉽다.

## 알코올이 뇌에 미치는 영향

몸 안으로 들어온 알코올은 위와 소장에서 흡수된 뒤 혈액을 타고 간에 도착해 '최종 처리' 과정을 거치게 된다. 그러나 과음으로 '처리 용량' 을 초과한 알코올은 온 몸의 핏줄을 타고 돌면서 뇌나 심장 등 다른 장기를 공격하게 된다. 뇌에는 이물질의 침입을 막는 방어체계가 있지만 지용성 물질인 알코올 앞에선 무용지물이 된다. 알코올은 뇌세포를 직접 파괴하지 않고 뇌의 신경세포의 막을 서서히 녹이면서 신경세포간의 신호전달 과정을 교란시킨다. 이로 인해 신경세포 간의 '정보교환' 이 제대로 안되는 취한 상태가 된다. 특히 대뇌 옆부분 관자엽(측두엽)의 기억회로가 알코올로 인해 장애가 발생할 경우 이른바 '필름이 끊기

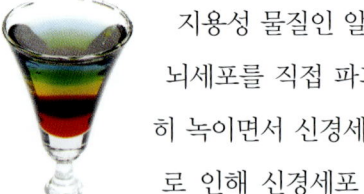

는' 일이 생긴다.

## 알코올 중독은 왜 생기나?

알코올과 니코틴 등 중독성 물질은 뇌로 하여금 신경전달물질의 하나인 '도파민'의 분비를 촉진 하도록 만든다. '천연 마약'으로도 불리는 도파민은 각종 스트레스를 해소하고 '쾌감'을 느끼게 한다. 그러나 장기간 알코올을 남용할 경우 뇌에서 갈수록 지속적이고 강력한 '쾌감'을 요구하는 화학적 변화가 일어난다. 이로 인해 뇌는 '주인'의 의지와 상관없이 알코올에 대한 무한 욕구를 만들어내 술을 더욱 마시게 하기 때문에 알코올 중독이 생기는 것으로 본다. 이밖에 알코올의 분해 과정에서 생기는 아세트 알데히드가 신경전달물질과 반응을 일으켜 생기는 물질이 아편계통의 약물과 비슷한 작용을 일으키기 때문에 알코올 중독이 생긴다는 설도 있다.

## 최선의 치료법은?

원인이 불확실한 만큼 단기간에 알코올 중독을 치료하는 특효약은 없다. 우선 금주를 시도하는 것이 치료의 출발점이다. 이때 여러 가지 금단 증상이 나타나므로 반드시 담당 의사나 의료기관의 조언을 구해야 한다.

## 8. 라면

### 라면 속의 MSG와 뇌기능장애 유발

한국에서는 63년 최초로 인스턴트 라면을 생산하기 시작했는데, 70년대 중반에는 국내 연간생산량이 10억 개에 달하였고, 80년대에는 종래의 끓여 먹는 제품에서 더운 물만 부으면 그대로 먹을 수 있는 즉석라면 · 컵라면 등이 제조되고 제품의 종류도 다양해졌다. 제조방법은 제면 → 증숙 → 성형 → 튀김 → 냉각 → 스프 첨부 → 포장의 공정을 거쳐 만든다. 라면은 면과 스프로 나뉜다. 면은 밀가루에 소금, 첨가물, 물을 넣고 반죽해서 만들어진다. 스프는 육류의 뼈를 고압솥에 삶아 맛 성분을 추출해 내고 건조, 분쇄한 뒤 화학 조미료, 식염, 고추, 마늘, 양파 등의 향신료를 넣고 밀봉 포장한 것이다. 장기간 저장이 가능하므로 비상시 대용식으로 널리 이용되며, 현재 미국, 일본, 오스트레일리아 등에 수출하고 있다. 국내 1인당 1년간 라면 소비량은 얼마나 될까. 라면업계에서 집계한 자료에 따르면 97년 우리나라 사람 한 명이 먹은 라면은 약 84개이며, 총 라면 소비량은 38억개였다. 38억 개를 차곡차곡 쌓는다면 그 높이만 에베레스트산의 높이와 비슷하다.

라면이 몸에 안 좋다는 건 웬만한 사람들 다 알긴 하지만 알아보니 더 심각하다. 팜유의 용도는 튀김류를 비롯하여 마가린, 쇼트닝 등 가공유지에 널리 이용되고 있는데 현재 가장 널리 이용되고 있는 분야가 라면이다. 팜유의 원산지는 자이레 등을 중심으로 한 아프리카 서부 열대 지방 야자의 과육에서 짠 기름이 팜유이다. 팜유는 식물성 이기는 하지만 몸에 해로운 포화지방산이 50%를 차지하고 있다. 일부업체이서는 팜유대신 콩기름을 사용하고 있는데 이 콩기름 역시 유통과정에서 변질되지 않도록 하기 위해

수소를 첨가하기 때문에 식용유보다도 포화지방산이 훨씬 많다. 포화지방은 뇌혈관의 혈액순환이 원활하지 않게 하여 뇌기능을 저하시킨다.

라면이나 어묵 등의 가공식품에는 흔히 끈기를 주기 위해 인산염을 넣는데 이 인산염은 칼슘의 흡수를 방해한다. 칼슘은 화학적으로 인산과 가장 강력하게 결합하는 성질을 지니고 있다. 칼슘이 인산과 결합하면 인산칼슘이 되는데, 인산칼슘은 물에 녹지 않는 불용성 화합물로 체내에서 전혀 흡수되지 않고 그대로 배설된다. 따라서 가공식품을 많이 먹을수록 칼슘의 섭취는 더욱 부족하게 된다. 체내의 칼슘이 부족해지면 신경전달신호 체계에 문제가 생길 수 있다.

라면의 주원료는 약품 처리된 수입밀가루이며 착색제, 소포제, 보존료까지 쓰였다. 튀기는 기름에는 산화방지제를 넣고 있으며 맛을 내기 위해 각종 조미료가 첨가된다. 화학조미료는 1908년 일본에서 개발되었는데 우리나라에서는 1963년부터 생산하여 판매하기 시작했다. 현재 MSG로 대표되는 화학조미료는 그야말로 화학 첨가물 중의 슈퍼스타라 할 수 있다. 라면 1봉지에는 평균 1.65g의 화학조미료가 들어 있으므로 2봉지만 먹으면 거의 모든 어린이들이 1일 최대 허용량을 초과하여 섭취하게 되는 것이다. 화학조미료는 특히 어린이에게 더 큰 영향을 미친다. 세계보건기구(WHO)에서 설정한 하루 허용량은 몸무게 1kg당 120mg이다. 즉 체중이 25kg인 어린이는 하루 3g, 체중이 50kg인 어른은 하루 6g을 최대 허용량으로 정하고 있다. 그러나 어린이들은 어른보다 가공 식품을 선호하기 때문에 가공식품에 첨가된 화학조미료를 어른보다 더 많이 섭취할 가능성이 높다. 이와 같이 어린아이에 대한 화학조미료의 위험 가능성이 높아지자 미국과 호주, 영국, 캐나다, 싱가폴 등에서는 유아식품 제조업자들이 자발적으로 유아식품에 화학조미료의 사용을 법적으로 금하고 있다. 라면과 함께 몸 속으로 유입된 각종 화학조미료를 처리하기 위해서 비타민과 미네랄이 과도하게 소비되어 결핍되기 때문에, 뇌세포의 기능이 저하 된다.

라면은 나트륨 함량이 높다. 라면 한개 속에 들어있는 나트륨은 2020~2070mg 이나 된다. 이는 세계보건기구(WHO)의 나트륨 하루 섭취량인 1968mg을 초과한 양이다. 나트륨을 과잉섭취 하면 혈압이 상승되어 고혈압이나 동맥경화를 불러일으킨다. 혈관 속의 나트륨 성분은 체내에서 수분을 빨아들이는데 수분을 흡수하는 분량만큼 혈관의 압력이 커지면서 혈압이 상승한다. 나트륨은 우리 몸의 수분평형과 혈압조절에 필수적인 영양소지만 과잉섭취하면 신장에 부담을 주고 혈압이 상승되어 고혈압과 심장마비의 원인이 될 수 있다. 염분이 과잉 섭취되면 나트륨 성분이 소변으로 빠져나오면서 칼슘도 함께 빠져 나온다. 라면을 많이 소비하는 연령대가 칼슘을 상대적으로 많이 필요로 하는 청소년이므로 라면 및 가공식품 제조에 나트륨 사용량 최소화가 시급한 상황이다. 라면으로 인해 과도하게 유입되는 다량의 나트륨으로 인해 혈압이 상승될 수 있고, 뇌혈관의 혈액순환 장애를 가져올 수 있다.

### MSG 화학조미료 판매정책의 변화

현대인의 입맛은 화학 조미료 손아귀에 있다고 해도 과언이 아닐 정도다. 그런 만큼 유해성 또한 논란의 초점이 되어왔다. 1969년, 미국상원의 식품선택위원회에서 열린 MSG 유해성에 관한 청문회는 유아가 먹는 것과 똑같은 비율과 양을 쥐에게 먹였더니 뇌와 눈에 장해가 발생했다고 보고하고 있다. 특히 MSG는 아주 작은 분자이기 때문에 임산부의 태반을 쉽게 통과해서 아기에게 흘러가기 때문에 그 피해가 태아에게까지 미친다고 한다. 제조방법을 살펴보면, 1969년부터는 석유제품 초산을 원료로 한 발효법과 합성법을 사용하고 있다. 그리고 핵산계 조미료의 경우는 펄프공장의 폐액에서 추출한 리보핵산을 원료로 사용한다고 한다. 화학 조미료의 유해성이 서서히 드러나면서 기업들은 조미료를 소비자에게 직접 파는 대신 과자나 어묵, 술 등을 만드는 제조 공장에 팔기 시작했고, 그러한 전략은 성공을 거두었다. 그리고 국제시장으로 진출, 지금 중국을 포함한 동남아 국가에서는 엄청난 양의 화학조미료가 소비되고 있다.

### 중국음식증후군이란?

MSG는 주부들이 집에서 요리시 맛을 내기 위해 많이 사용하고 식당에서 많이 사용되는 감미료인데, 하루 3g 이상 복용시 얼굴경직, 가슴압박, 전신경직, 불쾌감, 작열감을 유발한다고 알려져 있다. 미국에서 MSG를 많이 사용하는 중국음식점에서 짜장면 등을 많이 먹은 사람이 갑자기 호흡곤란과 안면마비를 호소하여 알려지게 되어 '중국음식점 증후군' 이라고도 부른다. 제조방법을 살펴보면, 1969년부터는 석유제품초산을 원료로 한 발효법과 합성법을 사용하고 있다. 그리고 핵산계 조미료의 경우는 펄프공장의 폐액에서 추출한 리보핵산을 원료로 사용한다고 한다. MSG는 화학조미료에 많이 쓰이는 것으로만 알고 있으나 그 보다 과자와 라면에 더 많이 쓰인다는 사실이다. 과자 밑의 부스러기에 짭짤한 맛을 손가락에 찍어 먹는 일은 없어야 한다.

## 9. 햄, 소시지, 베이컨

햄은 원래 넓적다리 살을 가리키는 말로 돼지고기를 소금에 절여 훈연하거나 삶은 후 풍미와 방부성을 첨가한 가공식품을 말한다. 반면 소시지는 고기를 갈아 동물의 창자나 인공 케이싱에 넣어 삶거나 훈연한 것을 말한다. 베이컨은 갈비뼈를 제거한 뒤 건조시키거나 절여서 훈연시킨 돼지의 옆구리 살을 말한다.

### 색깔을 선명하게 하는 화학물질 아질산나트륨

소고기나 돼지고기가 신선할 때는 선홍색이다가 시간이 지나 신선도가 떨어지면 검붉은 색으로 바뀐다. 이것을 막기 위해 아질산나트륨의 발색제를 쓰는 것이다. 발색제를 가장 많이 쓰는 식품이 햄, 베이컨, 소시지이다. 아질산나트륨은 발암물질이기 이전에 먼저 독극물이다. 사람의 경우 섭취량 0.18~2.5g의 범위에서 사망할 수 있다는 보고가 있다. 가장 독성이 심한 청

산가리의 치사량이 0.15g인 점과 비교하면 얼마나 위험한 물질인지 짐작하고도 남는다.

이 아질산나트륨은 햄, 소시지, 베이컨에 들어있는 아질산염과 질산염이 분비 되면서, 육류식품에 필연적으로 들어있는 아미노산의 일종인 '아민'과 반응해 강력한 발암물질인 니트로사민 이라는 물질을 만든다. 암을 일으키는 주범은 바로 니트로사민이다.

### 방부제 소르빈산

소르빈산(sorbic acid)은 무색의 바늘모양(침상)의 결정 혹은 백색의 결정성 분말로서 거의 냄새가 없고, 물에는 녹기 어려우나 알콜, 프로필렌글리콜, 빙초산에는 녹는다. 소르빈산칼륨(potassium sorbate)은 백색 혹은 담황갈색의 결정이거나 분말로서 거의 냄새가 없으며 물에 잘 녹는다. 특히 소르빈산에 비해 공기 중에 방치할 때 산화 분해되어 착색되기 쉽다. 이러한 성질을 이용하여 식품의 보존성을 향상 시키며, 식중독을 예방하고 부패방지로 인한 영양가를 유지하기 위해 사용되고 있다.

그러나 식품첨가물은 그 하나가 몸속에 들어와 나쁜 작용을 하기도 하지만 서로 다른 화학물질이 혼합되어 더 좋지 않은 결과를 초래하기도 한다. 예를 들면 소르빈산과 발색제의 일종인 '아초산염'이 한데 어울리면 산성의 상태에서 미생물에게 충격을 주거나 돌연변이를 부추기기도 한다. 아이들이 좋아하고 즐겨먹는 햄과 소시지에는 이 두 가지 물질이 많이 들어있다.

### 항산화제 에르소르빈산나트륨

식품의 지질성분에서 생산되는 과산화물이 식품의 다른 성분, 즉 단백질,

탄수화물, 비타민, 향미 등과 결합해 식품의 본래 맛을 변하게 한다. 이를 방지하기 위해 항산화제로 에르소르빈산나트륨을 주로 쓰는데 이 첨가물이 몸속에 들어가 염색체의 이상이나 몸의 면역기능을 떨어뜨릴 수 있다고 한다.

### 쫀득쫀득한 맛을 내기위한 인산염

인산염은 칼슘의  흡수를 방해하는 것으로 알려졌다. 칼슘은 화학적으로 인산과 가장 잘 결합하는 성질이 있는데, 인산과 칼슘이 만나면 인산칼슘이 된다. 인산칼슘은 물에 녹지 않는 화합물로 체내에서 전혀 흡수되지 않고, 그대로 배설된다. 먹은 만큼 칼슘이 몸 밖으로 나오니 칼슘 먹이느라 애써봐야 모두 소용없는 일이다.

이 밖에도 끈기를 좋게 하는 결착제, 고기의 산도조정을 위한 PH 조정제, 색을 내기위한 인공색소 등이 첨가된다.

## 10. 어묵

추운 겨울날 고속도로 휴게실에서 따끈따끈 한 어묵이 한쪽 끝에서 모락모락 김이 오르고 있는 것을 보면 사람들의 시선이 어묵을 향해간다. 그러나 첨가물로 어우러진 어묵임을 기억해야만 할 것이다.

가공식품이란 농산물, 축산물, 수산물 등의 식품을 먹기 편하게 하고 영양과 저장성 등을 고려하여 첨가물을 가한 식품을 가공식품이라 한다. 가공식품의 경우는 유통과정이 길기 때문에 보존을 위해 몸에 해로운 산화방지제, 방부제를 쓰게 된다. 그리고 맛을 좋게 하려고 화학조미료를 듬뿍 넣고, 색깔을 좋게 하려고 착색제를 쓰이기 때문에 보기에 맛있

어 보인다. 그러나 이런 첨가물 들은 우리 몸 속에 들어가면 어떠한 형태로든 해를 입히는 독성물질이라 할 수 있다.

원래의 목적인 부패나 변질을 방지한다는 명분 아래 이렇게 마구 독성이 있는 물질과 방부제, 색소, 인공감미료, 산화방지제, 발색제, 표백제 등 이루 셀 수 없을 정도의 화학물질을 사용하고 있다.

식품첨가물은 그 사용을 법으로 지정, 법정허용 치내에서 사용하도록 규정하고 있으나 대부분 법정허용치를 무시하든가 금지된 첨가물을 암암리에 사용하는 경우가 많아 문제가 되고 있는 것이다. 이런 식품을 섭취할 경우 급성으로 구토, 위장장애, 사지마비 등이 나타날 수 있으며 무해하다고 알려진 것 중에서도 수년간 계속 섭취함으로써 만성중독을 일으켜 사용금지된 경우도 있어 식품첨가물은 그 안정성을 보장할 수 없다.

가공식품 중 첨가제가 없을 것 같은 어묵에도 첨가제가 들어가 있다. 어묵에는 방부제인 솔빈산칼륨을 비롯해서 단맛을 나게 하는 사카린 나트륨, 조미료인 글루타민산나트륨, 부드러움과 끈기를 주는 인산염, 강화제인 강피로인산나트륨, 기름의 항산화제인 BHA, BHT, 색을 내기위한 색소 등 모든 첨가물이 다 들어간다는 것을 기억해야만 한다.

## 11. 고기류

### 지적활력을 감소시키는 육류

음식과 건강에 대한 유명한 저술가 엘렌지 화잇은 다음과 같이 말했다. "고기를 마음대로 사용하는 사람들은 항상 맑은 두뇌와 민활한 지성을 가지지 못한다. 그 이유는 동물의 고기를 먹으면 몸이 비대해지며 보다 상쾌한 정신의 민감도를 마비시키는 경향이 있기 때문이다. 육류를

함부로 사용하는 사람들이 청명한 두뇌와 민활한 지성을 갖는다는 것은 불가능하다. 일찍이 식사가 가장 단순한 종류의 음식물로 구성되어야 할 때가 있다면 바로 지금이다.

## 동물의 질병

광우병 프리온의 출현에 대해 전문가들은 소와 같은 초식동물에게 양고기 등 육식사료를 먹인 것을 원인으로 본다. 2001년 인류는 에이즈의 공포가 채 가시기도 전에 또 하나의 복병을 만나 시름을 앓고 있다. 바로 전 세계를 떠들썩하게 만들고 있는 광우병이다. 광우병 파동은 1986년 영국에서 이상한 소들이 발견되면서 시작된다. 처음엔 체중이 감소하며 안절부절 못하다가 급기야는 제대로 서지도 못하고 부르르 떨다가 주저앉아 죽었다.

조사해보니 소의 뇌 조직이 녹아내려 마치 스폰지처럼 구멍이 뻥뻥 뚫려 있는 기괴한 현상이 관찰됐다. 미친 소에게서 나타난다고 해서 이름 붙여진 광우병(mad cow disease)이 처음 등장한 순간이다. 광우병의 의학적 용어는 BSE(Bovine Spongiform Encepalopathy)로 이를 우리말로 옮긴다면우 해면양 뇌병증이다. 처음엔 소와 같은 가축에게나 생기는 전염병쯤으로 생각했다.

에이즈를 바이러스가 옮기는 질환이라 한다면 광우병(정확하게 표현하자면 광우병은 소가 앓는 병이므로 사람에겐 신종 크로이츠펠트 야콥병 이라고 해야 하나 같은 병원체가 옮기는 병이므로 편의상 광우병으로 한다)은 프리온(prion)이란 단백질 입자가 원인이다. 프리온은 의학적으로도 매우 중요한 의미를 지닌다. 생물체가 아닌 단백질 입자임에도 세균이나 바이러스처럼 인간에게 전염되기 때문이다.

미국 UCSF대학 의대(醫大)의 스탠리 프루시너(Stanley Prusiner) 교수는 인간에게 전염되는 질병을 유발하는 단백질 입자를 프리온이라 명명하고 이들이 인간의 체내에서 원래의 모양을 뒤바꿈으로써 뇌신경 등 정상세포의 손상을 초래한다고 밝혔다.

프리온은 생물과 무생물을 가늠하는 가장 중요한 기준이 되는 유전자가 없다. 지구상에서 가장 하등 생물체인 바이러스도 자신과 닮은 개체를 만들기 위해 유전물질인 DNA나 RNA를 갖고 있으나 프리온은 이들 DNA나 RNA가 전혀 없다. 프리온은 생물이 아니란 뜻이다.

이종(異種) 단백질임이 분명한 프리온이 인체 내에 들어왔는데 왜 면역계가 이를 감지해 파괴시키지 않는가?

침투 당시 프리온은 우리 몸에서 만들어낸 단백질처럼 면역계가 눈치채지 못할 정도로 교묘하게 위장하는 구조를 갖고 있지만 시간이 지날수록 마치 일정한 온도에서 특정한 모양을 갖추는 형상기억합금처럼 뇌신경에 독성을 미치는 구조로 변한다는 것이다. 프리온이 일으키는 초기 뇌신경 손상은 복잡한 경로를 통해 화학적인 연쇄반응을 일으키고 이것이 뇌에 커다란 구멍을 뚫어놓는 것으로 보고 있다. 프루시너 교수 역시 이를 규명한 업적으로 97년 노벨 생리의학상을 받게 된다. 치료는 물론 예방도 어렵다. 프리온은 열에 매우 강하다. 열에 약해 쉽게 변성이 일어나는 일반적인 단백질과 달리 300도 이상의 고열에서도 수십 분 이상 버틸 정도다. 자외선이나 방사선, 화학약품에도 매우 강해 사람을 죽일 수 있는 수천 배의 강도와 용량에서도 파괴되지 않는다. 독립적인 영국의 감시단체인 소비자협회는 광우병 위험을 피하는 유일한 길은 고기를 먹지 않는 것이라고 했다.

### 돼지고기

돼지고기를 먹으면 잘 해야 본전이라는 말이 있다. 돼지는 음식물 찌꺼기와 쓰레기를 먹으면서 자라기 때문에 돼지고기 세포는 각종 세균과 기생충

이 서식하기 좋은 구조를 가지고 있다. 냉장시설이 발달되지 않은 옛날에는 여름의 돼지고기는 각종 병원균으로 감염되기 쉬우므로 배탈이 나는 경우가 다반사였다고 한다. 특별히 돼지고기는 선모충균에 오염되어 있는 경우가 많다. 선모충에 감염된 돼지고기를 덜 익힌 상태로 먹었을 때 인간의 몸을 숙주로 해서 질병이 발생하는데 이 병은 여러 증세를 나타내며 심한 경우 사망에 이르게 한다.

천재 작곡가 볼프강 아마데우스 모차르트도 선모충의 기생충(유충)에 감염된 덜 익은 돼지고기 또는 들짐승을 먹어 발생한 병인 선모충병으로 숨졌을 확률이 높다고  미국 시애틀에 있는 퓨젯 사운드 재향군인 의료원의 잰 V. 허쉬만박사는 주장을 했다.

그렌 쉐퍼드(Dr. Glen Shepherd)는 1952년 5월 31일자 '워싱톤 포스트지'에 실린 글에서 돼지고기를 먹는데서 오는 위험성에 대하여 다음과 같이 말했다.

"미국과 캐나다의 6명 중의 1명이 선모충병균을 보유하고 있는 돼지고기를 먹음으로서 근육에 병균을 보유하고 있다.

이 병균 보유자들은 증세가 눈에 띄지는 않는다. 이 병에 걸린 사람은 짧은 시일 내에 치료가 되지 않으며 때로는 생명을 잃는 수가 있고 병신이 되는 경우도 있는데 이것은 조심하지 않고 돼지고기를 먹는데서 오는 것이다. 이 병은 면역이 되지 않으며 치료법이 없다.

이 아주 조그마한 무서운 병균을 예방하는 항생제도 약도 주사도 없다. 오로지 예방만이 유일한 치료방법인 것이다. 성장한 선모충병균은 길이 1/8인치, 폭 1/400인치이며 수명은 40년으로 근육세포 사이에서 번식하는 눈에 보이지 않는 작은 병균이다.

이 병에 감염된 돼지고기를 먹으면 그 병균도 함께 소화되어 세균으로 자라 1마리가 1,500마리의 새끼를 낳아 2~3주 후에 혈액으로 들어간다. 돼지고기를 소금에 절인다던가 불에 굽거나 해도 병균은 죽지 않는다."
당나라 때에 저술된 『천금식치(千金食治)』라는 책에서는 돼지고기를 오랫동안 먹으면 정충(精蟲)이 감소하고 온몸의 근육이 아프며 기력이 없어진다. 라고 말하였다. 또 당나라 때에 저술된 『식료본초(食療本草)』라는 책에서는 돼지고기를 오랫동안 먹으면 약을 먹더라도 약효가 잘 나타나지 않고 중풍(中風)에 걸릴 수도 있으며, 열병 · 학질 · 이질 · 고질병 · 치질 등의 질병에 잘 걸린다라고 말하였다.
이렇게 수많은 고전과 연구결과들은 돼지고기를 잘못 먹으면 질병에 걸릴 가능성이 높다고 경고를 하고 있다.

### 생명을 위협하는 리스테리아균

이 질병의 증세는 감기와 비슷하다. 가장 위험한 식품으로는 연질치즈, 덜 조리된 닭고기, 재가열하지 않은 핫도그 등이다.

### 세균성 식중독을 일으키는 캠필로박터

캠필로박터 위험에 노출된 식품은 닭고기이다. 이 세균들은 닭의 내장에 있으나 예전에 행해지던 머리를 잘라내는 방식으로 도살하지 않고 컨베이어 벨트를 지나면서 자동화 기계로 도살된다. 이들의 몸은 도살과정에서 날카로운 칼로 절개되고 내장 내용물이 고기 자체로 쏟아지기 때문에 여전히 문제를 안고 있다. 이 질병발생과 관련된 식품은 쇠고기, 케이크에 덮는 크림, 생우유와 계란 등이다.

## 12. 해물류

쭈꾸미, 낚지, 문어 조개, 새우, 가제, 게 등은 아미노산과 미네랄이 풍부할 뿐 아니라 맛도 뛰어나 많은 사람들의 사랑을 받아오는 해물들이지만 먹을수록 손해이다. 생선 또한 종류에 따라 붉은 살 생선과 흰 살 생선이 있는데, 보통 활동성이 있는 표층고기에 붉은 살 생선이 많고 운동성이 적은 심층고기에 흰 살 생선이 많다. 일반성분으로는 단백질, 지방질, 탄수화물, 무기질, 수분으로 이루어져 있으며 아미노산 조성은 종류에 따라 큰 차이는 없고 필수아미노산을 충분히 함유하며 소화도 잘되고 맛도 좋아 우수한 식품이라고는 하나 오늘날 오염된 바다에서 자라는 어류가 더 이상 안전한 식품이 아니다. 전 세계의 바다로 유입되고 있는 오염물질의 80%는 육상으로부터 비롯된 것이다. 육상에서 버리는 생활오수와 공장에서 흘러버리는 폐수는 모두 바다로 흘러 들어간다. 비료와 농약들도 빗물에 섞여 바다로 유입된다. 대기 중에 있던 오염물질들도 모두 바다로 가고 굴뚝이나 자동차 배기통, 소각장 등에서 나오는 다이옥신 또는 납 같은 독성물질들의 많은 부분이 대기에서 강물을 통해 바다로 유입되기도 한다.

바다 한가운데 버려지는 각종 폐기물, 폐유 등으로 바다는 오염되어가고 있고 수심이 얕고 파도가 약한 곳의 바다는 더 오염되어 있다. 선박용 방부페인트에 함유된 TBT와 폴리우레탄, 실리콘 등 산업용촉매 플라스틱 첨가제로 사용되는 MBT, DBT와 BTs 유기주석화합물이 모든 지역의 퇴적물과 홍합에서 검출된 사례도 있었다. 특히 강한 TBT는 낮은 농도에서도 어패류를 치사시키고 소라 등 복족류의 기형이나 불임을 유발, 각국이 사용을 엄격히 규제하는 환경호르몬 물질이다. 조개나 새우, 가재 등은 양식하는 종류가 많은데 양식을 하게 되면 사료, 항생제 등을 사용하기 때문에 역시 문제가 된다. 설사 대부분의 해물이 양식되지 않는다 하더라도 육지에서 가깝고 수심이 얕은 연안에서 나오는 해물들은 갯벌이 오염되어서 오염물질의 축적정도가 더 심각하다. 냉동생선들 또한 빛깔이 변하는 것을 막기 위해 발암물질인 수분증발억제제 용액에 담갔다가 포장이 되므로 유통기간이 길어도 변질이 잘 안된다. 조미생선포 역시 방부제, 인공감미료, 인공조미료를 많이 사용한다. 생선 통조림도 인공조미료가 다량 들어갈 뿐만 아니라 가공과정에서 고열로 조리하기 때문에 생선이 가지고 있는 영양성분이 파괴되고 통조림 용기는 코팅된 용기에 뜨거운 상태로 포장 공정되어 환경호르몬이 많이 나온다

육류, 어류, 우유와 유제품, 설탕과 같은 정제당분을 주로 섭취하게 되면 혈액은 산성화된다. 신체는 생체항상성에 의해 항상 적정한 조건을 유지하려고 하는데 혈액이 산성화되면 뼈와 치아에서 칼슘과 마그네슘과 같은 알카리성 미네랄을 빼앗아 간다. 결국 산성체질을 바꾼다는 것은 혈액을 알카리성 상태로 유지해야 하는 것이고 이를 위해 황이나 인과같은 산성 미네랄을 많이 가지고 있는 육류, 생선류와 유제품의 섭취를 줄이고 채식위주의 식사를 하는 것이 바람직하다.

### 생선회 안전하지 않다.

생선과 조개와 같은 어패류에는 장염 비브리오균이 묻어 있어 식중독을 일으키게 된다. 국립보건연구원의 조사에 의하면 동해, 남해, 서해에서 잡히는 어패류는 대부분 비브리오균에 오염되어 있다고 한다.

특히 아가미와 피부에 많다는 사실도 밝혀졌다. 세균 중에서 가장 번식이 빠른 것은 대장균인데 20분 정도 만에 그 수가 2배로 늘어난다.

그런데 장염 비브리오균은 대장균보다 증가 속도가 더 빨라 7~8분이면 2배가 된다.

### 오징어, 새우, 바닷가재, 게

이들 식품에는 콜레스테롤이 다량 함유돼 있어 건강에 해롭다는 인식이 있다. 특히 콜레스테롤 함량이 높아 심장병, 뇌졸중 환자에게 좋지 않다. 하지만 생크림케이크나 계란 노른자에 비한다면 적은 편이다.

## 13. 시리얼, 통조림햄, 스프

시간을 단축할 수 있다는 장점에 비해 손해가 너무 큰 인스턴트와 가공식품은 도정, 정제에 의해 당분 대사를 안정적으로 조절하는 섬유질과 대사 영양소인 비타민, 미네랄이 거의 제거되어 있는 상태이다. 인스턴트와 가공식품은 칼로리만 있고 영양은 없다고 해서 텅빈 칼로리라는 별명이 있다.

또한 식품 첨가물의 양과 종류는 심각한 수준이다. 방부를 목적으로 하는 합성 보존료, 색깔과 향을 유지하기 위한 발색제와 향료, 맛을 내기 위한 화학조미료 등 인체에 유해한 첨가물들이 다양한 통로로 인체에 유입되고 있다. 이 첨가물들은 우리 몸의 대사 과정을 교란시키고 있으며 발암물질로서 작용하는 것들도 있다.

보이지 않는 소금도 문제이다. 글루타민산 나트륨, 아질산 나트륨 등 첨가물에 함유된 나트륨들은 소금을 먹은 경우와 똑같은 경로로 미네랄 발란스를 깨뜨린다.

인스턴트 식품와 가공식품은 지방변질이 우려된다. 가공 도중에 첨가되는 불포화 지방산(식물성 기름)의 경우 열과 압력, 유통 과정 중에 산화되어 과산화 지질이라는 강력한 발암물질을 생성하기 때문이다. 그러므로 인스턴트와 가공 식품은 조리가 편할지라도 먹어서는 안 될 식품들이다.

### 인간의 세포까지도 죽이는 보존료, 안식향산

안식향산계가 보존료로 지정된 이유는 미생물에 대한 세균과 항균작용, 즉 세균이나 곰팡이의 세포를 죽여 버리는 효과가 있기 때문이다. 여기서 살균이란 세균의 DNA, 다시 말해 유전자를 자르고 끊음을 의미한다. 이러한 작용은 안식향산이라는 보존료가 우리들 인간의 세포까지도 죽일 수 있다는 사실을 뜻한다. 결국 방부제는 체내에서 유전자를 파괴하거나 변이를 일으켜 암을 유발시키기도 한다. 실제로 1966년 일본에서 개발되어 우리나라도 사용했던 $AF_2$는 1973년 발암물질로 밝혀져 큰 충격을 던져주었다. 따라서 지금 안전하다는 방부제도 언제 발암물질로 밝혀질지 알 수 없는 일이다. 그러나 현실은 더욱 심각해서 안식향산과 같이 그 유해성이 입증된 방부제조차도 전 세계적으로 음식은 물론 화장품에도 널리 쓰이고 있는 실정이다.

## 14. 피자, 팝콘, 케이크, 자장면

상온에서 굳은 기름은 포화지방, 액체 상태인 기름은 불포화지방이다. 포화지방은 동물성지방에 불포화지방은 식물성 지방에 많다.

포화지방 외에도 몸에 나쁜 트랜스 지방이 있다. 트랜스 지방이란 대개 천연 상태의 기름을 고형화 하거나 가공하는 과정에서 그 구조가 변형된 지방을 일컫는다. 마가린이나 쇼트닝은 액체상태의 기름을 오래 보관하고 쉽게 사용할 수 있도록 식물성기름과 생선기름 등에 수소를 첨가하고 부풀려서 크림 모양으로 만든 경화유이다. 이 경화유는 일단 값이 싸고 스낵용으로 간편하고 먹기 좋게, 보기 좋게, 더욱 맛있게 하는 효과가 있어서 그 사용량이 급증했다.

마가린이나 자장면을 만들 때 넣는 쇼트닝유가 대표적인 트랜스 지방이다. 이 지방이 많이 쓰이고 있는 것이 과자, 도넛, 빵, 쿠키, 케이크 등이다. 또한 피자, 팝콘, 토스트, 튀김류 등에 많으며 특히 냉동피자, 전자레인지용

팝콘에 많은 것으로 조사되고 있다고 한다.
이 트랜스 지방은 피속에 나쁜 콜레스테롤을 증가시키고 암세포 등을 잘 자라도록 돕는 역할을 하는 것으로 밝혀졌다. 그러므로 마가린은 식물성 지방이기는 하나 동물성 지방인 버터보다 몸에 좋다고 생각할 수가 없다.
연구자들이 포화지방의 위험에 대해 깨닫기 시작했을 때 포화지방이 많이 들어있는 버터를 포화지방이 적게 들어 있는 마가린으로 바꿀 것을 권장했다.
버터대신 마가린을 먹는 사람들의 심장마비 발생률이 더 낮다는 것을 증명하는 연구는 없었지만 이 권장 사항은 이치에 맞는 것으로 인식되었다. 그러나 이에 대한 연구가 수행되었을 때 마가린을 먹는 사람들이 버터를 먹는 사람보다 심장마비에 있어서 더 나을 것이 없었다. 또한 팜유 역시 식물성 지방이지만 고도의 포화지방이기 때문에 피하는게 최선이다.
팜유는 포화지방산인 팔미트산의 함량이 거의 50%로서 매우 높기 때문에 이름표만 식물성 지방일 뿐 동물성 지방과 다를 바가 없다.

## 15. 통조림

통조림은 공기를 뺀 다음 밀봉하고 진공이 유지된 상태에서 가열 · 살균하므로 비타민과 기타 영양분이 가정에서 조리한 것보다 많고, 흡수되기 쉬운 상태로 함유되어 있다. 또 식중독이나 전염병의 원인이 될 염려도 없으므로 위생적인 식품이라 할 수 있다.
통조림은 대량 생산되므로 날 식품과 비교하여 소비자의 손에 들어가기까지 경비가 적게 들고, 제조과정에서 40～60%에 이르는 먹지 못할 부분이 완전히 제거되어 간편하게 전부 먹을 수 있어 경제적이다. 그러나 통조림이 이렇게 편리하고 좋은 면만 있는 것은 아니다.

### 깡통

통조림 용기로 많이 쓰이고 있는 양철통은 철강원판에 주석으로 도금한 것인데 보존기간이 길다보면 용기에 손상이 있을 수 있다. 이때 주석이 용해될 수도 있는데 주석은 대량으로 섭취하면 구토, 마비증세, 중추신경계 장애 및 칼슘대사 이상 등을 일으키는 무서운 중금속이다. 중금속은 일단 몸에 들어가면 계속해서 축척되는 성질이 있고 장기간 노출되었을 때는 성장지연, 빈혈이 일어난다. 통조림의 보존은 과일이나 과즙 통조림을 제외하고는 보통 깡통이 사용되고 있어 장기간에 걸쳐 상품가치를 유지할 수 있으나  과일이나 과즙의 통조림은 빛깔이나 풍미의 변화를 방지하기 위하여 특히 도장하지 않은 깡통을 사용한다.

이것은 조금씩 녹아 나오는 주석의 작용으로 품질이 저하되고 깡통 내면의 부식으로 2~3년 지나면 금속 냄새가 나게 되므로  오래 저장한 것은 더욱 좋지 않다.

깡통 뿐만 아니라 또 문제가 되는 것은 장기 보관을 위해 많은 첨가물을 쓴다. 맛을 더욱 강하게 하기 위해 화학조미료를 쓰고 고기통조림의 경우 착색제, 과일 통조림의 경우 고체와 액체가 분리되지 않도록 안정제 등을 쓰며, 색을 선명하게 하기 위해 발색제도 쓴다.

햄 통조림의 경우 인산염, 아초산염, 초산칼륨 등 발색제를 첨가하고 산화방지제, 부패방지와 고기산도 조정을 위해 Ph조정제와 인공색소를 쓴다. 이러한 첨가물들로 인해 중국음식증후군, 성장호르몬, 생식기능, 갑상선 장애 등이 올 수도 있다. 편리하고 간단한 식품으로 사랑받고 있는 통조림은 장기 보존할 수 있는 장점에 비해 첨가물과 중금속의 오염으로 문제가 되므로 가급적 제철식품으로 구입하여 보존을 위해 냉동실에 저장했다가 사용하는 편이 더 바람직하다.

## 16. 치즈

치즈는 우유를 발효해 놓은 것으로 쇠고기에 비해 단백질이 1.5배 칼슘은 200배가 들어 있어 많은 어린이들의 사랑을 독차지 하고 있다. 치즈의 종류는 세계적으로 800여 종류가 있다. 숙성시키지 않고 수분 함량이 많은 치즈로서 대표적인 생치즈는 크림치즈와 모짜렐라 피자치즈, 체다치즈가 있다.

모짜렐라 치즈는 주로 토스트, 샌드위치, 피자 등에 사용되어지고 있으며 체다 치즈는 수분 함량이 낮아 조금 딱딱하며, 보존을 위해 통조림 속에 소금물과 함께 넣기 때문에 염분이 높은 것으로 샐러드 전용으로 쓰인다. 브리치즈는 겉 모양이 까망베르치즈와 유사하며 속은 흘러내릴 듯  부드러운 크림타입이다. 튀기거나 스프, 퐁듀에 사용해 일품 요리를 만들 수도 있다. 그 밖에 담백한 맛 이외에도 달콤한 맛에서 매콤한 맛의 치즈에 이르기까지 그 종류가 다양한 크림치즈도 있다.

영양적 가치가 우수하다고 한 치즈 왜 먹지 말아야 하는가?

첫째 : 유통기간을 길게 하게 위해 제삼구연산나트륨과 제일인산나트륨과 같은 복합이산염을 쓴다.

둘째 : 치즈 응고제로 화학약품이 들어간다. 염화마그네슘, 염화칼슘, 황산칼슘 등을 사용한다.

셋째 : 맛있게 보이기 위해 착색제를 쓰며, 수입 가공 치즈류는 대부분 방부제를 쓴다.

### 치즈의 탄수화물은 유산(Lcatose Acid)으로 전환된다.

주로 유당인 치즈의 탄수화물은 부패에 의해 유산으로 전환된다. 대부분의 발효산물은 독성이 있고 자극적이며 에스테르산과 어느 정도의 아민과 타이라민(Tyramine), 나이트로스 아민(Nitros Amin)을 함유하고 있다.
이때 부패하는 과정에서 아민, 암모니아, 자극성 지방산을 생성케 한다. 이것들은 모두 장내 기관과 신경을 자극하는 원인이 된다. 또한 치즈에서 생성된 독성 아민의 하나인 타이라민에 원인이 될 수 있는 편두통에 시달리기도 한다. 어떤 아민은 암을 발생시키는 인자인 나이트로스 아민을 위 안에서 형성하도록 현존하는 질산염과 서로 반응할 수 있다.

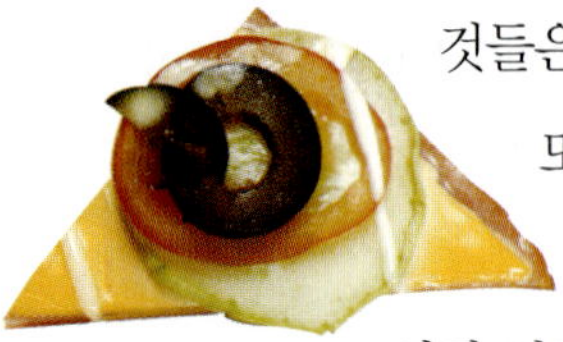

### 대체식품

여러 가지 이유로 이롭지 못한 치즈를 꼭 써야할 경우 두부를 사용하면 좋다. 예를 들어 스파게티에도 치즈를 넣는데 치즈대신 두부를 으깨어 넣고 피자를 만들 때 토핑으로 두부를 으깨 올리면 맛도 좋을 뿐 아니라 치즈의 부드러운 아이보리의 빛깔과 비슷하여 아이들도 즐겨 찾는 식품이 된다.

# 아이의 머리를 나쁘게 만드는 식품첨가물

식품첨가물의 용도와 몸에 미치는 영향

| | 식품첨가물 | 기능 | 사용식품 | 부작용 |
|---|---|---|---|---|
| 보존제 | 소르빈산칼륨<br>프로피온산 나트륨<br>안식향산 나트륨<br>데히드로 초산 나트륨<br>파라옥신 안식향산 | 세균류의 성장을 억제하여 식품의 부패나 변질을 방지하기 위해 첨가하는 화학물질 | 치즈, 초콜릿, 음료수, 칵테일, 고추장, 자장면, 마가린, 빵과 생과자, 단무지, 오이지, 생선묵, 햄, 청주, 간장, 과일 및 야채의 표피 | 중추신경마비, 출혈성위염, 간에 악영향, *발암성 |
| 감미료 | 둘신<br>사이클레 메이트<br>사카린 나트륨 | 단맛을 내며, 설탕의 수백배의 효과를 낸다 | 청량음료, 간장, 과자, 빙과류 | 소화기 및 콩팥장애,*발암성 |
| 화학조미료 | MSG<br>(글루타민산 나트륨)<br>5-이노신산, 5-구아닐 | 식품이 가진 기존의 맛을 더욱 강화하거나 새로운 맛을 내거나 혹은 나쁜 맛을 감추는 물질 | 과자, 통조림, 음료수, 카라멜, 카레, 다시다, 맛소금 등 | 중국음식증후군, 뇌혈액종문관 장애, 성장호르몬, 생식기능, 갑상선 장애. 제왕병 유발. |
| 착색제 | 타르색소<br>(황색4호, 황색5호) 등 | 보기 좋은 색을 내는 물질 | 치즈, 버터, 아이스크림, 과자, 사탕, 소시지, 통조림고기, 푸딩 등 | 간, 혈액, 콩팥장애, 뇌장애(H-LD증 유발),<br>*발암성 |
| 발색제 | 아질산나트륨<br>아초산나트륨 | 색을 선명하게 하거나 발색케하는 화학물질 | 식육제품, 어육제품, 야채나 과실류 등 | 헤모글로빈 빈혈증, 호흡기능 악화, 급성구토, 발한, 의식불명, *간장암유발 |
| 팽창제 | 탄산수소 나트륨 등 | 빵이나 과자를 부풀게 하는 화학물질 | 빵, 케이크, 비스킷, 초콜릿 등 | 카드늄, 납 등의 중금속 중독 유발 |
| 산화방지제 | BHA-, 부틸히드록,<br>시아니졸, BHT-,<br>디부틸히드록시,<br>톨루엔,<br>에리소르빈산 나트륨,<br>L-아스코르빈산 | 산소에 의해 지방성 식품과 탄수화물식품의 변질을 방지하는 데 사용하는 화학물질 | 크래커, 스프, 라드 및 쇼트닝, 쥬스 등 | *발암성 BHA+ 아질산나트륨 = 청산가리 (CN)이온 생성 |
| 탈색제 | 아황산표백제 | 색을 하얗게 만드는 데 사용하는 화학물질 | 과자, 빵, 빙과류 등 | 신경염 및 순환기장애, 위점막자극, 기관지염, 천식 유발 |
| 살균제 | 표백분,<br>차아염소산 나트륨,<br>에틸렌옥사이드 | 식품을 살균하는 데 쓰는 화학물질 | 두부, 어육제품, 햄, 소시지, 야채, 과실류, 식기, 음료수 등 | 피부염, 고환위축, *발암성 (유전자 파괴) |
| 안정제 | | 고체와 액체가 분리되지 않도록 결합시키는 물질 | 아이스크림, 초콜릿, 치즈, 냉동빵제품, 과일통조림, 맥주, 육류제품 | |

# Part 08

# 두뇌에 나쁜 조미료

## 1. 설탕

### 쉽게 피곤해 지고 집중력을 떨어뜨리는 설탕

윌리암 코다 마틴(William Coda Martin) 박사는 질병을 유발하는 물질인 설탕은 독극물로 분류해야 한다고 주장한다. 설탕을 만드는 사탕수수 자체는 나쁜 것이 아니다. 원당에는 인체에 유익한 섬유질, 비타민, 미네랄이 그대로 들어 있다. 하지만 이것을 먹기 좋고, 보기 좋도록 정제하고 표백하는 과정에서 원래의 영양소들은 손실되고 칼로리만 남은 감미료가 설탕이다.

이렇게 가공된 설탕을 우리 몸에서 분해 처리하기 위해서는 미량 영양소들이 소비되어야 한다. 화학약품을 써서 희게 만든 백설탕은 혈액을 산성화시키고, 칼슘을 빼앗아 버리고 저항력을 약하게 한다. 또한 설탕은 우리 몸의 조직세포를 이완시켜 소화력을 약하게 하고 입맛도 떨어뜨린다. 흰설탕보다는 흑설탕이 좋다고 믿는 사람이 있다. 이 역시 잘못 알고 있는 예 중 하나로 흑설탕에는 미량원소와 각종 불순물이 더 들어 있어 흰 설탕과 별로 다르지 않다.

설탕이 많이 들어있는 청량음료 대신 설탕이 적게 들어 있는 과일주스를 선택하는 소비자 역시 설탕에 대해 잘못 이해하고 있는 경우다. 무가당 주스든지 가당 주스든지 일부 제품엔 설탕이 많이 들어 있는 대표적 청량음료인 콜라보다 더 많은 양의 설탕이 들어 있다.

설탕을 섭취하면 칼슘 결핍현상이 나타난다. 왜냐하면 당 분자는 체내 각 세포에서 피루브산이라는 중간물질을 거쳐 에너지화 한다. 이 생체반응에서 반드시 비타민 $B_1$이 필요한데 만일 비타민 $B_1$이 부족할 때는 젖산이 만들어진다. 설탕을 구성하는 포도당과 과당이 산성인 데다 대사과정에서조차 젖산과 같은 산성 물질이 생성되면 중화제가 있어야 한다. 이때 우리 몸의 알카리성 물질인 미네랄이 중화제로 쓰인다. 특히 미네랄 중에서도 칼슘이 가장 각광을 받고 있는데 칼슘은 혈액을 비롯해서 몸 전체의 조직에 두루 분포되어 있다. 그러므로 처음에는 체내에서 유리되어 있는 칼슘이 사용되지만 점차적으로 신체조직의 성분까지 녹아 나오는 상황이 발생한다. 그 결과로 인해 칼슘 결핍현상 및 혈관세포나 골세포의 이상을 초래하게 된다.

전문의들은 설탕으로 인한 피해를 줄이기 위해 가급적 설탕의 섭취를 줄이고 설탕의 대사에 소모되는 비타민 $B_1$의 섭취를 늘려야 한다고 강조한다. 이처럼 아무리 설탕이 좋지 않다고 말해도 설탕을 먹지 않는 것은 현실적으로 이미 불가능한 이야기가 되었다. 빵에는 약 15%, 콜라 13%, 케첩 27%, 아이스크림에는 23~33% 정도의 설탕이 들어간다. 우리가 먹는 모든 가공식품에는 모두 설탕이 들어가 있다.

또 인체로 흡수된 설탕의 양이 너무 많아지면 혈당이 급속하게 높아지는데 이를 정상치로 끌어내리기 위해 많은 양의 인슐린이 빠르게 분비되면서 저혈당 상태를 만든다. 이 때문에 설탕을 먹은지 2～5시간 뒤면 오히려 먹기 전보다 더한 허기와 공허감을 느끼게 만들어 간식을 하게 되므로 비만의 원인이 된다. 게다가 배가 고프다고 흡수가 빠른 설탕이 많이 든 음식을 계속 먹을 경우 혈당치가 급속하게 오르내리기 때문에 세포의 에너지 부족현상이 나타나 쉽게 피곤해지고 집중력도 떨어지며 자제력이 없어져 작은 일에도 벌컥 화를 내기 쉬운 상태로 변한다.

### 이름만 바꾼 정제당

변장한 정제과당과 정제포도당으로 만들어진 물엿, 당밀, 슈거시럽, 카라멜시럽, 대체감미료인 아스파탐, 당 알코올류 등 대체 감미료를 사용하는 사람들이 많이 있다. 이러한 대체 감미료들은 여러 천연소재에서 추출되기도 하지만 대부분이 화학적인 방법에 의해 만들어지는 합성품이면서 영양분 또한 전혀 없다.

### 정제당이 저혈당을 유발한다.

저혈당 상태가 되면 신체세포 및 뇌세포는 포도당이라고 하는 에너지원을 제대로 공급받지 못한다. 이로 인해 피해를 받은 것은 뇌다. 왜냐하면 뇌세포는 포도당 이외의 당은 에너지원으로 이용할 수 없기 때문이다. 그러므로 뇌는 곧 바로 에너지 고갈 상태가 온다.

저혈당 증상이 있는 학생이 정제당을  먹으면 혈당치가 급격히 올라가고 이에 따라 많은 양의 인슐린이 분비된다. 갑자기 늘어난 인슐린은 에너지원인 포도당을 근육, 지방세포, 간장, 폐 등으로 보내고 뇌는 다시 포도당 부족 상태가 된다. 순식간에 혈당치를 낮춰버린 인슐린이 또 다른 정제당을 간구하도록 메시지를 보내면 다시 정제당 식품을 먹게 되고 다람쥐 쳇바퀴 돌듯 당 탐닉 현상이 되풀이 된다. 따라서 뇌는 기근에 시달리고 고갈된 뇌는 정상적인 기능을 수행하지 못한다. 이와 같은 기전으로 뇌건강을 해치는 것이다.

### 근시의 주범 정제당

근시의 원인으로 과도한 정제당 섭취를 지적하는 연구들이 발표되고 있다. 유치원에서 어린이들을 대상으로 조기시력장애의 원인을 연구한 결과 사탕의 과잉섭취가 그 주범으로 주목을 받고 있다. 산성식품인 정제당을 과잉섭취하면 산과 염기의 평형이 깨지게 되고 망막의 시세포에도 산성물질의 유입이 늘어나는게 되는데 그로인해 안막이 얇아지고 약해진다. 전문가들은 안막에 이런 변화가 생기게 되면 안구 앞뒤의 길이가 길어져 결국 근시를 촉진한다고 주장 한다. 또한 정제당 섭취로 칼슘부족 문제가 생기면 공막의 탄성이 떨어져 안구가 늘어나 근시가 된다고 한다는 이론도 있다.

### 과당도 정제당이다.

이 당은 주로 과일 속에 많이 들어 있다고 해서 과당이라고 불리운다. 과당은 당류 가운데 가장 감미도가 높은 당이다. 과당 역시 정제당이므로 다른 당들이 가진 문제점들을 그대로 가지고 있으므로 설탕 대신 감미료로 사용하는 것은 좋지 않다.

설탕을 대신할 수 있는 대체 당으로 천연당인 올리고당, 꿀, 조청 등을 이용하는 것이 영양소들을 함께 섭취할 수 있는 방법이다. 대체당인 아스파탐의 경우에는 부작용이 있기 때문에 되도록 섭취하지 않는 것이 좋다.

## 2. 식초, 피클

### 요리의 향기나 맛을 돋우기 위해 사용하는 식초

식초의 신맛을 내는 성분은 곡물 속의 녹말이나 과일 속의 당분에 초산균이라는 세균이 작용하여 만들어지는 아세트산(초산)이다.

식초에는 발효시켜 양조한 것, 과실의 신맛을 이용한 것, 합성한 것 등이 있다. 고유의 향기를 가진 신맛의 조미료 식초는 3~5%의 초산과 유기산, 아미노산, 당, 알코올, 에스테르 등이 함유된 산성 식품이다. 크게는 곡류, 알코올성 음료, 과실류 등을 원료로 하는 양조식초와 빙초산, 초산을 주원료로 하는 합성식초로 나누어진다. 강한 산성으로 방부효과도 있어 식품의 저장에도 이용되고 의약품으로도 이용된다. 보통 샐러드를 무칠 때 기름과 식초를 함께 넣고 조리를 하는데 이러한 경우 위장 안에서 발효가 일어나 음식이 소화되지 않고 오히려 부패하게 된다. 피클 역시 혈액을 나쁘게 하므로 피하도록 하는 게 좋다. 또한 뇌신경계와 위를 자극함으로 판단력을 흐리게 한다. 그러나 식초는 살균효과가 있으므로 과일과 야채를 씻을 때 사용하면 좋다.

## 3. 맛소금

소금은 얼핏 보아서는 똑같이 하얀 결정을 하고 있기 때문에 다 똑같다고 생각하고 쓰게 된다. 그러나 소금의 질에도 엄연한 차이가 있고, 그것이 식생활의 안전을 크게 좌우한다. 일단 천일염과 정제염(꽃소금, 맛소금)은 크게 다르다.

굵은 소금인 재래식 소금은 미네랄을 다량 함유하고 있다. 이는 청정지역에서 만들어진 소금임을 증명하는 표시다. 천일염은 태양열, 바람 등 자연을 이용하여 해수를 저류지로 유입해 바닷물을 농축시켜서 만든 소금이다. 색깔은 백색과 투명색이 있으나 주로 백색이다. 좋은 소금은 간수를 2~3년 뺀 염화나트륨(NaCl) 80% 이상이라고 표기된 소금이 가장 좋다.

한편 맛소금은 정제염으로 염화나트륨, 표백제, 습기방지제가 주성분이다. 우리나라에 고혈압과 위암 환자의 비율이 높은 것은 이런 정제염을 많이 섭취하고 짜게 먹는 식습관에 기인한 것이라고 볼 수 있다. 나트륨의 과잉 섭취는 고혈압과 당뇨를 가져올 수 있으므로 싱겁게 먹는 습관을 갖고 좋은 소금을 쓰는 것이 건강의 지름길임을 기억하자.

## 4. 버터, 마가린, 쇼트닝

포화지방이 많은 동물성 지방이 나쁘다는 것이 알려지면서 버터보다 식물성인 마가린이 더 몸에 좋다는 생각을 가지고 있다. 그러나 최근의 연구결과에 의하면 마가린, 쇼트닝, 마요네즈처럼 식물성 기름을 주성분으로 하여 만든 가공기름의 섭취로 인해 각종 질병이 유발될 확률이 더 높다고 한다. 마가린과 쇼트닝은 상온에서 고체로 존재하는 기름들이다. 이 기름의 원료는 식물성이지만 인위적인 가공과정을 거쳐 고체의 포화지방을 만든

것이다. 현재 대부분의 가공식품은 마가린과 쇼트닝을 사용하고 있는데 이러한 기름들로 가공되는 빵, 과자, 후라이드 치킨 등은 우리 몸 안에 들어가 몸을 굳게 하여 유연성을 떨어뜨리고 면역기능까지 저하시킨다. 세포막의 구성성분인 식물성 기름의 불포화지방들은 국소호르몬인 프로스타글란딘의 원료물질이다. 국소호르몬이라고 하는 것은 급격한 환경의 변화에 의해 인체가 그것에 적응하도록 국소적으로 빠르게 만들어졌다가 없어지는 물질이다. 우리 인체 내에서 이러한 국소 호르몬은 수십 가지로 나타나고 있는데 이 호르몬의 생성에 문제가 생기면 환경 적응력, 저항력, 면역기능이 저하되고 만다.

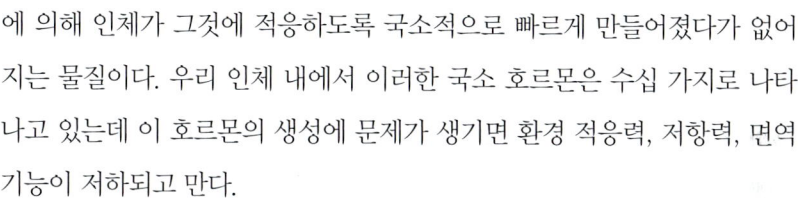

그러므로 오래된 참기름이나 들기름, 표백하고 정제한 콩기름, 가공한 마가린, 쇼트닝과 이러한 기름을 사용하여 만든 음식과 가공식품들은 모두 좋지 않다고 할 수 있다.

## 5. 마요네즈, 케찹

인스턴트 식품들은 비타민이나 미네랄로 강화되었다고 해도 영양면에서 신선한 재료를 조리한 경우와는 비교도 할 수 없다. 또한 가공과정에서 첨가한 식품첨가물, 예를 들면 색소, 조미료, 방부제 및 표백제 등은 혈액을 산독화 하고 체중을 저하시키며 두뇌를 약화시켜 마침내는 병을 유발한다.

### 마요네즈

마요네즈는 식용유, 계란 노른자, 식초, 소금, 설탕 등으로 만들어진다. 이때 식용유와 식초가 잘 어우러져 있는 것은 계란 노른자 때문이기도 하지만 시간이 오래 지나면 서로 분리되므로 이를 방지하기 위해 안정제를 첨가한다. 여기에 화학조미료, 산미료, 색소, 화학전분 등이 쓰이며 산소에 의해 지방성 식품과 탄수화물식품의 변질을 방지하는 데 사용하는 화학물질 이디티에이칼륨2나트륨 이라는 긴 이름의 산화방지제가 첨가된다.

### 케찹

이 토마토 소스는 '케치압(Ketsiap)' 이라는 이름으로 중국에서 미국으로 이민자들과 함께 건너왔다. 그런데 독일 팔츠 지방에서 온 이주민의 후손인 헨리 존 하인즈라는 스물다섯 살 청년이 1869년에 미국 땅에서 그 소스를 발견하고는 치밀한 광고와 대량 생산을 통해 오늘날 우리 모두가 알고 있는 전형적인 미국 상품으로 탈바꿈 시켰다.

토마토 케찹은 토마토의 과육을 갈아서 걸러 씨를 제거한 토마토 퓌레를 조려서 농축시키고 설탕, 소금, 식초, 향신료로 조미한 것이다. 여기에 쓰이는 향신료는 정향(clove), 계피, 후추, 고추, 마늘, 육두구 등이며, 우량품에는 17종이나 되는 많은 향신료를 쓴다. 케찹은 식탁에 상비해 놓고 각자의 기호대로 사용하는데, 소스의 보조 조미료가 되고, 치킨라이스, 스파게티, 햄버거, 스테이크, 오믈렛 등에도 사용된다.

가장 큰 문제가 되는 것은 토마토가 완전히 빨갛게 익어서 따도 쉽게 상하지 않도록 유전자의 조작이 문제가 되며 이외에도 색소, 산미료, 감미료, 화학 조미료, 화학전분 등이 쓰여 일 년 열두 달이 지나도록 썩지가 않는다.

## 6. 시중에서 판매하는 화학조미료

화학조미료의 대표적인 것은 L-글루타민산나트륨이다. 일반적으로 MSG로 알려져 있다. 구수한 단맛을 가진 물질을 크게 아미노산계와 핵산계로 나

눈다. 아미노산계는 글루탐산의 나트륨염, 아스파르트산, 숙신산나트륨 등이 있고, 핵산계는 이노신산나트륨과 구아닐산나트륨이 있다. 조개류의 감칠맛은 숙신산나트륨 때문이고 표고버섯의 구수한 맛은 구아닐산나트륨 때문이다. 아미노산과 핵산은 상승작용을 하므로 함께 사용하면 각각의 맛의 강도를 합친 것보다 더 강한 맛을 낸다. 그러므로 근래는 글루탐산의 나트륨염과 핵산의 이노신산나트륨을 섞어 복합조미료를 제조한다. 화학조미료의 주성분은 글루타민산 소다(MSG : Mono Sodium Glutamate)로 그 종류는 미원, 미풍이라고 알려진 기존의 화학조미료(MSG)에다, 구아닐산나트륨을 더 첨가한 복합 조미료, 맛나, 다시다, 감치미, 맛깔이라고 불리는 종합 조미료 등이다.

화학조미료에 들어있는 L-글루타민산 나트륨은 화학적 추출과정을 거쳐 만든 결정체로 해물과 야채 등을 푹 우린 것과 비슷한 효과를 내기 때문에 주부들에게 많이 애용되었다.

그러나 존 옵네이 박사의 실험결과를 보면 생후 4일된 쥐의 혈액에 체중 1Kg당 1000～8000mg 가량의 MSG를 투여하자 쥐의 뇌세포가 손상되고 심한 호르몬장애를 일으켜 같은 날 태어난 다른 쥐(44g)보다 두 배(84g)가량 비대해졌다는 보고들이 잇달아 나오면서 MSG에 대한 환상은 흔들렸고, 화학조미료의 유해성이 전문가와 시민단체에 의해 제기되면서 사용량이 주춤하다가 최근 들어 다시 그 생산과 이용량이 증가하고 있다.

화학조미료의 대사과정을 살펴보면 주성분인 글루타민산 나트륨이 몸속에서 대사되기 위해서는 많은 양의 비타민 $B_6$(피리독신)가 필요하다. 그렇기 때문에 글루타민산 나트륨의 과다 섭취는 비타민 $B_6$의 결핍을 가져오게 된다. 피리독신은 단백질합성, 항체, 호르몬, 신경전달물질 같은 생리작용에 절대적으로 필요한 비타민으로 결핍되면 단백질 대사와 생리기능상의 문제를 가져올 수 있다. 게다가 뇌신경전달물질생성, 인슐린 합성에도 관여하기 때문에 청소년들에게 특히 중요하다.

비타민 $B_6$의 결핍은 우울증, 자폐증, 저혈당증, 과잉행동증, 면역력저하를 동반하기도 한다. 화학조미료를 많이 먹게 되면 뇌에 장애를 가져오고 우리 몸에 중요한 단백질의 생산을 억제 시킨다. 특히 유아의 경우나 집중력을 발휘해야 하는 수험생의 경우에는 소량으로도 좋지 못한 영향을 줄 수가 있다. 집에서 화학조미료를 사용하지 않더라도, 또 라면을 먹지 않는다고 하더라고 햄, 소시지, 이온음료, 과자, 과일통조림, 케첩, 마요네즈 등 많은 음식에 광범위하게 사용되고 있다.

## 7. 젓갈류

젓갈은 어패류의 살, 알, 창자를 소금에 절여 발효시킨 것이다. 예로부터 젓갈은 요긴한 밑반찬으로 새우젓, 조기젓, 밴댕이젓, 꼴뚜기젓, 멸치젓, 연어알젓, 명란젓, 어리굴젓, 조개젓, 창난젓, 방게젓 등 종류가 많다. 김치와 더불어 한국음식 가운데 매우 뛰어난 저장 발효식품이다. 젓갈의 기원은 상하기 쉬운 어패류를 소금으로 저장하여 오래 두고 먹을 수 있도록 한 데서 비롯되었으며, 차츰 다양한 젓갈이 개발되면서 오늘날의 젓갈 문화를 이루었다. 특히 날이 더운 전라도 지역에서는 젓갈이 중시되며 그 지역 향토음식 중에서 으뜸으로 친다. 젓갈은 각각 제철에 항아리에 담고 재료가 완전히 덮일 만큼 소금을 켜켜이 치고 꼭 봉해서 익힌다. 새우젓, 멸치젓, 조기젓 등은 김장을 할 때 주로 쓰고, 나머지는 양념에 무쳐 밥반찬으로 쓰여진다. 이렇듯 우리나라를 비롯하여 동남아 여러 나라에서 오래전부터 즐겨먹은 음식으로 서양에서는 젓갈 대신 앤초비라는 멸치를 발효한 식품이 있다.

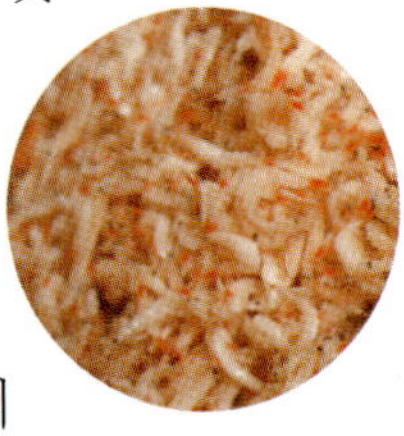

그러나 이러한 젓갈 종류가 위암의 원인이 될 수 있다는 연구결과가 있다.

위암 발생률이 높은 바닷가 사람들을 대상으로 연구하던 중에 소금으로 절인 채소에서 발생한 질산염이 젓갈에 들어 있는 아민이라는 단백질과 섞여지면 니트로사민이라는 발암물질이 생성된다는 사실을 알게 되었다.
뿐만 아니라 각종 첨가물이 섞어져 있는 요즈음의 젓갈은 또 다른 심각한 문제를 가지고 있다. 첨가물은 마법의 가루와 같다. 왜냐하면 쓰레기를 진수성찬으로 바꿀 수도 있기 때문이다. 예를 들면 오래되어 진물이 줄줄 흐르고 물컹물컹한 명란젓도 하룻밤만 첨가물에 담가 놓으면 윤이 나고 피부도 탱탱해 진다. 또 이를 위해 씹는 맛을 내는 탄성강화제, 맑은 색깔을 내는 착색제, 맛을 내는 향로 등 20 가지의 첨가물이 들어간다.
젓갈류에 주로 쓰이고 있는 첨가물은 무방부제나 무색소를 표방하고 있는 제품 이외에는 L-글루타민산나트륨(합성조미료), D-솔비톨, 솔빈산나트륨 등의 합성 보존료가 첨가되어 있다.
이러한 첨가물이 들어간 젓갈류를 먹게 되면 그 독성으로 인해 어린이 입의 신경세포가 파괴되고 현기증이 나며 손발이 저리고 두통 및 염색체에 이상이 생긴다.

## 8. 식용유

식물성 기름인 불포화지방산에는 오메가-3 지방산과 오메가-6 지방산이 있다. 그러나 식물성 기름에 대한 가공이 늘어나면서 오메가-3 지방산에 비해 무려 20배나 오메가-6지방산을 더 섭취하고 있다. 오메가-6지방산은 필수지방산으로 우리 몸에 유익을 주는 것이기는 하나 과잉 섭취하게 되면 뇌 조직은 기억력 감퇴가 일어날 확률이 500%나 증가한다.
또한 만성감기를 비롯 집중력 저하 및 기억력 저하, 학업능률 저하 등은 잘못된 지방산의 섭취와 관련이 있다. 이러한 오메가-6 지방산의 섭취를 늘리게 한 것은 식물성 가공기름인 콩기름, 옥수수기름, 해바라기 기름, 홍화

씨 기름 등이다.

또한 많은 가정에서 사용하고 있는 식용유는 수입콩과 옥수수로 만든 것이며 핵산이라는 유기용매로 기름만 추출해낸 후 합성방부제와 산화 방지제 같은 화학 물질이 들어간 가공식품이다. 그러므로 풍요로운 시대에 사는 요즘 후라이 팬에 기름을 넣을 때 호박이나 가지 끝에 기름을 묻혀 팬에 조금씩 바르며 쓴 옛 선인들의 지혜를 배우자.

# Part 9

# 두뇌에 좋은 습관 & 나쁜 습관

## 1. 아침을 규칙적으로 먹는다.

'난 머리가 나쁘기 때문에 단순작업을 해야 돼.'

'머리 쓰는 일은 시키지 말아요. 난 머리가 좋지 않으니까.'

'난 이해력이 떨어지니까 뭐든지 남보다 오래 걸려'

이런 사람들은 꼭 아침을 먹는 습관을 길러야 할 필요가 있다. 뇌가 활동하려면 포도당이 많이 필요하다. 그런데 아침밥을 먹지 않으면 핏속의 당이 부족해 뇌의 활동이 둔해지게 된다. 오전 중에 발표를 하거나 시험을 보거나 하는 등의  머리를 쓸 일이 있거나 집중적으로 일을 처리해야 한다면 꼭 가볍게라도 아침을 먹도록 하자.

### 아침 식사는 왜 중요한가?

사람의 뇌 활동은 포도당을 에너지원으로 사용하는데 저녁 식사 후 아침까지는 뇌 활동 에너지인 포도당이 거의 소모되므로 아침 식사로 포도당을 보충해 주어야만 뇌 활동이 활발해 진다. 아침 식사를 하면 식후 두 시간이 지나면서 소화흡수가 된 포도당의 혈관 내 수치가 최고조에 이르게 된다. 즉 가장 왕성한 활동을 해야 하는 오전 시간에 사용되어야 할 혈당은 어제 저녁에 먹은 음식으로부터 오는 것이 아니고 오늘 아침에 먹은 음식에서 오는 것이다. 따라서 포도당을 공급해주는 당질(밥, 빵, 감자, 고구마 등)을 아침마다 거르지 않고 꼭 먹어야만 한다.

### 아침을 거르면 어떤 문제가 생기는가?

아침을 거르고 하루 일을 시작하면 가장 활발하게 활동을 해야 하는 오전 시간에 혈당이 부족한 저혈당 증상이 나타난다. 온 몸의 세포가 활동할 때 필요한 포도당이 충분히 공급되지 못하므로 에너지가 생성되지 못하기 때문에 매사에 기운이 없고 무기력해져 의욕이 없어진다. 또한 두뇌세포에도 에너지원인 포도당이 충분히 공급되지 못하여 집중력이 떨어지고 그로인해 실력향상 저해 및 창조적 사고력 저해 등을 초래하게 된다. 또한 두뇌세포의 활동이 불안정해지면서 신경질적이고 공격적인 성격을 형성하게 된다. 뿐만 아니라 저혈당의 문제를 해결하기 위해서 군것질이 늘고, 점심과 저녁에는 과식하게 되어 비만의 원인이 된다. 이외에도 속이 쓰리고 매스꺼우며 학업 성취도가 낮아지고, 발육부진, 정서불안, 신체적 인내력이 저하된다.

아침식사를 규칙적으로 하는 학생이 학업 성취도가 높은 것으로 나타났다. '어린이 성장발달과 필수영양소 심포지엄' 에서 '아침식사의 규칙성이 영양소 섭취와 학업성취도, 체력에 미치는 영향' 이라는 주제발표에서 이같이 밝혔다. 이 연구에서 전국의 초, 중, 고교생 7천698명을 대상으로 아침 식사의 규칙성과 학업성취도, 체중, 체력 등과의 관계를 조사했다.
아침식사의 규칙성과 학업성취도 관계 조사에서는 공통과목 10개의 수, 우, 미, 양, 가 성적을 5~1점으로 계산, 비교한 결과 아침을 규칙적으로 먹는 초등학생은 4.1±0.7이었으나 아침을 안먹는 학생은 3.9±0.7로 나타났다.
또 중학생과 고등학생의 경우도 아침식사를 규칙적으로 하는 경우 각각 3.3±1.1, 3.1±0.8이고, 아침을 거르는 경우가 각각 3.0±1.1, 3.0± 0.8로 아침식사를 규칙적으로 할수록 학업성취도가 높았다.
이 조사결과 아침식사를 규칙적으로 하는 것이 학습능력에 도움이 된다는 것이 사실로 나타났다며 '성장기 학생들의 정상적인 신체적, 정신적 발달을 위해 아침 급식 프로그램에 대한 실제적이고 구체적인 논의가 시급하다' 고 말했다.

## 2. 천천히 오래 씹어서 먹는다.

점점 바빠지고 시간이 없을수록 사람들은 패스트푸드를 선호하고 있다. 빠르고 맛있고 값도 저렴한 음식이 인기도 좋다. 강한 양념과 짙은 염분으로 바삭 바삭하게 튀긴 튀김은 두뇌의 변연계에서 쾌감 호르몬인 도파민을 분비하게 한다. 이러한 음식을 즐겨 먹는 사람들은 자극적인 양념 맛으로 음식이 어떤 영향력을 발휘하는지에 대하여는 미처 생각할 겨를도 없이 급하게 먹기 때문에 얼마만큼의 칼로리를 섭취하는지도 모르고, 과식을 하게 된다.

사람의 치아는 복잡한 신경구조를 통해서 뇌와 연결되어 있다. 따라서 많이 씹을수록 두뇌에 더 많은 자극이 전달되어 두뇌활동을 촉진한다. 도정하지 않고 정제하지 않은 통 곡류의 식품들은 꼭꼭 씹어야 하므로 침샘의 발달을 도와 소화기능을 도울 뿐 아니라, 뇌의 혈액량을 증가시켜 뇌의 기능을 좋게 한다. 그러나 생크림 케이크를 좋아하고 흰쌀밥과 흰 밀가루로 만든 빵, 국수, 햄버거, 피자를 먹으면 오랫동안 씹을 수도 없고 천천히 먹을 수도 없다. 따라서 지금 필요한 것은 흰쌀 대신 현미를 흰 밀가루 대신 통밀로 만든 음식으로 즉 씹을 거리가 있는 음식, 정제하거나 도정하지 않은 통곡의 식품을 먹는 것이 바람직하다.

'많이 씹어야 기억력이 좋아진다' 라는 주제로 요리강습회를 한 적이 있다. 그때 누군가 갑자기 손을 높이 들더니 '매일 껌을 씹으면 어떻겠냐고' 질문을 하였다. 그래서 나는 껌 속에는 첨가물이 들어가기 때문에 이득보다는 손해가 더 많다고 대답한 적이 있다. 식품 속에 들어가는 첨가물들의 대부분이 세포에 손상을 입히기도 하고 해독 배설되는 과정 속에 많은 영양소를 소모하도록 만든다. 특히 성장과 발육의 시기에 있는 아이들에게 식품첨가물 같은 화학물질이 남용되면 성장과 발육을 저해하게 되어 인체의 구조를 완성해야 하는 시기에 건강하지 않은 인체가 형성될 수 밖에 없기 때문이다.

씹는 것에 대한 연구로 세계에서 가장 앞서 있다는 일본의 기후 대학에서 순간적으로 지나가는 그림을 얼마나 기억하는지 자기공명(FMRI) 단층촬영기기를 사용하여 연구하였다. 음식을 씹기 전에는 56.2%를 기억했는데, 2

분간 씹게 한 후에는 87.5%를 기억했다. 이와 같이 음식을 꼭꼭 씹는 습관을 들여서 뇌세포의 기억력을 담당하는 해마가 활성화 되도록 하는 것이 좋다.

밥 잘 안 먹는 아이들을 위하여

조명과 식탁보를 바꿔라.

조명의 색은 기분을 좌우한다. 우리 집 식당의 조명은 어떤 것으로 되어 있는가? 만약 차가운 형광등으로 되어 있다면 빨리 붉은 기가 많은 백열전구로 바꾸는 것이 좋다. 형광등은 칙칙하고 차가운 색을 띠기 때문에 자율신경계를 둔화시켜 소화 작용에도 장애를 가져온다.백열전구는 밝고 안정된 분위기를 연출해서 자율신경계를 활성화시킴으로 입맛을 돋우어 주고 소화 작용을 왕성하게 도와준다. 식탁보 또한 식욕을 느끼도록 해주는 붉은 색으로 깔아놓고 주황색 갓이 달린 백열등 밑에서 식사를 한다면 보약이 필요 없을 것이다.

## 3. 일찍 자고 일찍 일어나라.

기억력에 대한 세계적인 권위자인 MIT대학의 윌슨 박사는 쥐를 대상으로 한 실험에서 쥐가 낯선 환경에서 새로운 지식을 습득할 때 해마라는 특정 세포집단이 활성화 되어 기억의 초안을 짜고 잠자는 사이에 그 특정 세포가 다시 활성화 되어 기억의 집을 짓는다는 사실을 확인하였다. 즉 낮에 활동하는 동안에 해마에 임시기억이 만들어지고, 밤에 잠을 자는 동안에 영구기억이 만들어진다는 것이다. 컴퓨터로 설명하면 낮에 램 기억장치에 임시기억을 시키고, 잠자는 동안에 하드 디스크에 영원히 기억할 수 있도록 저장시키는 것과 같다는 것이다. 그러므로 밤을 꼬박 새워가며 공부를 하면 영구 기억이 잘 되지 않기 때문에 장기적으로는 효과가 없다는 것이다. 특별히 인간을 대상으로 한 칼슨 박사의 연구에 의하면 영구기억을 위해서 8시간이 필요되기 때문에 완전한 기억을 위해서는 8시간 정도 충분한 수면을 취해주는 것이 좋다.

건강에 대해 많은 글을 남긴 엘렌 지 화잇은 '밤 12시 이전에 자는 2시간의 수면이 밤 12시 이후의 4시간의 수면과 맞먹는다. 특히 정신노동을 하는 자에게 유익하며 밤 9시 이후에 하는 공부는 효과가 없다.' 라고 주장하고 있다.

### 늦게 잘수록 학습능력은 떨어진다.

아이를 일찍 재우기 위한 엄마들의 노력들은 그야말로 처절하다. 초저녁부터 집안 불을 다 끄고 가족 모두가 시체 놀이를 하는가 하면, 낮 시간에 졸려 눈이 다 감기는 아이를 못 자게 괴롭히기도 하는데 엄마들이 이렇게 아이를 일찍 재우려 열성인 데에는 그만한 이유가 있다. 밤 10시~새벽 2시 사이에 왕성하게 분비되는 성장호르몬도 중요하지만, 무엇보다 충분한 수면이 아이 성격은 물론 학습능력에까지 영향을 미치기 때문이다. 실제 수면과 학습 관계를 연구한 내용들도 적지 않다.

도이칠란트 뤼베크 대학은 8시간 이상 숙면한 사람이 잠을 적게 잔 사람에 비해 수학문제를 풀어낼 가능성이 3배 이상 높다는 사실을 밝혀내고, 하버드 의대에서는 잠이 부족한 아이일수록 단순 악기 연주나 운동, 기술 습득 능력에서 장애를 보인다는 연구 논문을 발표하기도 했다.

### 수면이 부족하면 집중력이 저하되므로 규칙적으로 자게 해야 한다.

충분한 수면을 취해야 할 청소년의 시기에 늦게까지 공부를 하거나 TV시청, 게임 등의 원인으로 잠이 부족해 질 수가 있다. 수면이 부족하면 낮 시간 동안 집중력이 떨어지고 학습능력에도 지장을 초래할 수 있다. 자녀들이 충분한 수면을 취하도록 매일 같은 시간에 취침을 하고 기상하는 등 규칙적인 스케줄에 맞춰 생활하도록 지도한다.

## 4. 집중력을 길러주는 음악을 듣는다.

내가 좋아하는 음악을 듣는 것만으로도 집중력을 높일 수 있다는 것은 흥미로운 연구이다. 그런데 이미 음악이 우리 뇌의 감정, 사고력, 집중력에 도움이 많이 된다는 것은 오랫동안 연구된 분야이다. 음악이 뇌세포에 미치는 영향에 대한 연구도 다양하다. 음악이 집중력을 높인다는 여러 연구 결과도 나와 있다. 뇌는 쓰면 쓸수록 변화한다. 사람의 뇌세포는 100억개 이상이 있으며 그 세포들은 모두 연결되어 있어 감정, 행동, 움직임 및 감각 수용기능 등 각 부분이 균형을 이루며 조화해 기능한다. 사람마다 뇌 세포의 수는 다르고 10년 전 까지만 해도 사람은 태어날 때 이미 뇌세포의 수가 정해져서 태어난다고 했으나 솔크 생물학 연구소와 컬럼비아대 연구팀은 나이와 관계 없이 사람의 뇌세포는 언제든지 늘어날 수 있다는 것을 발견했다. 음악이 뇌세포에 어떤 영향을 미치는지 다양한 연구결과가 나와 있다.

자연에는 'f분의 1 리듬' 이라 하여 자연만이 가진 소리의 리듬이 있다. 따라서 산들바람이 피부를 스칠 때, 그리고 잔잔한 바다의 파도 소리나 시냇물 소리를 들으면 일상의 피로와 스트레스가 시원하게 해소된다. 이것은 우리 신체 고유의 '생체 신호' 가 자연의 파동에 공명을 일으키며 평온하고 안정적인 마음 상태를 만들어 집중력과 정신력이 최선의 상태가 되기 때문이다. 이 'f분의 1' 리듬은 신기하게도 알파파의 뇌파와 일치한다. 이같은 진동과 리듬을 지닌 음악들이 사람의 마음을 편하게 하고 두뇌를 활성화한다.

음악을 통해 심신을 치유하는 기능성 음반들은 음향 속에 미세한 알파파 리듬과 함께 그 중심 주파수를 지구의 진동수인 '슈만 레즈넌스(7~13Hz)' 에 맞추고 있다. 뇌에 자연스럽게 공명 현상을 일으킴으로써 자율신경의 균형을 회복하고, 스트레스를 해소하며, 집중력이 강화되는 것이다.

음악의 복잡하고 반복적인 패턴을 따라가다 보면 자연스럽게 두뇌는 발달

### 운동이 건강한 뇌를 만든다.

2007년 3월 뉴스위크지에는 "운동이 뇌를 튼튼하게 만든다"는 표지 기사로 일리노이 주립대의 최신 연구결과가 소개 되었다. 아서 크레이머 교수와 찰스 힐먼 교수는 각각 정기적으로 운동을 하는 노인과 어린이들의 뇌 사진을 촬영해 고차원적 인지기능을 담당하는 전두엽이 활성화된 것을 밝혀냈다. 규칙적으로 운동한 노인들의 기억력이 더 좋았고, 체력이 좋은 학생들이 성적도 더 높은 것으로 나타났다. 운동이 우리의 뇌를 더 건강하고 똑똑하게 만든 것이다. 전문가들은 운동과 뇌기능 향상의 연관성을 강조한다. 운동을 하는 학생들은 그렇지 않은 학생들에 비해 읽기와 산수 능력이 뛰어난 것으로 나타났다.

## 7. 영양소의 운송을 원활하게 도와주는 물을 마신다.

바람직한 수분 섭취는 인지능력을 높여준다. 내일이 시험인데 졸립고 자꾸 하품만 나고 조금 전에 외운 것도 가물가물 기억이 잘 나지 않을 때 물을 충분히 마시면 도움이 된다. 인체의 70%를 구성하고 있는 물은 신체의 각 기관을 순환하면서 생리작용과 관련된 많은 일들을 한다. 만약 하루에 1.5리터의 물을 마시지 않는다면 체내에 수분과 산소가 부족해져 혈액순환에 장애가 생기고 혈류가 건강하지 못하여 뇌 기능도 활발하지 못하게 된다. 체내순환이 잘 이루어지기 위해서는 무엇보다 깨끗하고 건강한 물을 마시는 것이 필요하다.

### 좋은 물이란?

일반적으로 좋은 물이란 무색무취하며, 유해성분이 없어야 하고, 인체에 유익한 무기질이 100~200mg 정도 함유되고, 수소이온농도(pH)가 7.0~8.0 정도 되는 약알카리성이며, 물의 온도는 10℃ 내외 정도이어야 한다. 즉, 냄새가 나지 않으며, 병원균 등 인체에 해로운 요소가 없고, 미네랄 성분이 존재하며, 경도가 높지 않고, 산소와 이산화탄소가 충분히 녹아 있는 물로, 시원한 상태로 마실 때 맛이 좋게 느껴지는 물을 말한다.

### 물을 효과적으로 마시려면

아침에 일어나자마자 물을 한잔 정도 마시면 공복 해소 및 몸 속에 축적된 노폐물을 씻어주면서 변비를 예방하는데 효과적이다. 식사할 때 물을 같이 마시면 위액을 희석시켜 소화에 지장을 주기 때문에 식사한 후 2시간 이후부터 식사전 30분 전까지 공복에 물을 마시는 것이 좋다. 식사 후 2시간이 지나면 위액이 소화시키는 시간이 끝나고, 식사전 30분 전까지만 마시면 수분은 30분 내로 흡수되어 위산이 음식을 소화시키는 데 지장을 주지 않는다.

성인에게 필요한 하루의 수분 공급량은 2.5리터 정도로 평균 7~8컵 정도의 물을 마셔야 한다. 많은 양의 물을 한꺼번에 마시는 것보다 20~30분 간격으로 조금씩 마시는 것이 좋다. 평소에 물을 자주 마시게 되면 신진대사가 좋아져서 독소배출 등이 용이하게 되어 스트레스 해소 및 질병예방 등에 도움이 된다.

신체 내에 들어 있는 물은 크게 세포 내액과 세포 외액으로 구분된다. 생명의 본체가 되는 모든 생화학적 반응은 세포 내액에서 일어나고, 외부 환경으로부터 산소 및 영양소 등을 받아들이고 세포 내에서 생성된 노폐물을 체외로 보내는 반응은 세포 외액에서 일어난다.

수분이 부족하면 세포의 신진 대사가 완전히 이루어지지 않아 각종 노폐물과 독소가 체내에 쌓이게 된다. 그렇게 되면 두뇌는 점점 흐려지고 짜증이 늘고 아드레날린 같은 호르몬 생산으로 혈압과 혈당이 높아지면서 각종 질병의 원인이 된다.

또한 물을 충분히 마시지 않으면 혈관에 흐르는 혈액의 끈기가 더해져서 뇌에 혈액이 잘 공급되지 않기 때문에 뇌경색이 오고 혈액공급이 부족하여 뇌세포가 죽게 된다.매일 충분히 물을 마시는 습관으로 혈액의 끈기를 적게 해줄 때 뇌세포의 기능을 증진시킬 수 있다.

## 8. 두뇌활동을 저해시키는 과식

누구나 할 것 없이 바쁘게 살아가는 요즈음 패스트푸드가 간편하다는 이유로 사랑을 받고 있다. 그러나 어떤 음식이든 천천히 씹어서 20분 동안 먹으면 두뇌가 포만감을 느끼는데 패스트푸드를 먹게 되면 몇 번 씹지 않고 음식을 넘기면서 포만감이 없어져 과식하게 된다.

과식을 하면 위장은 그 음식을 소화시키는데 에너지가 부족하여 과부하가 걸리게 된다. 그러면 우리 몸의 다른 곳에 사용되는 에너지까지 과식을 한 음식을 소화시키기 위해서 출장을 가야 한다. 이 때 우리 몸에서 가장 많은 에너지를 사용하고 있는 두뇌를 가동하는데 필요한 에너지가 위장으로 출장을 가야 한다. 그러므로 과식을 하면 뇌세포를 가동하는 에너지가 부족하기 때문에 머리가 멍해지면서 졸리게 되는데 이것이 식곤증의 정체이다. 이와 같이 과식은 두뇌의 활동을 저해시키는 나쁜 습관이므로 삼가는 것이 좋다.

## 9. 학습 능력을 방해하는 야식

때때로 밤늦도록 공부를 하다보면 입이 심심해지게 된다. 이런 때에는 무엇을 먹는 것이 좋을까? 공부에 지치지 않고 체력을 유지하며 학습능률에도 좋은 영향을 주는 것이 없을까? 라고 생각할 수도 있다. 그러나 밤에 먹는 것은 좋지 않다. 왜냐하면 위속에 음식물이 가득하고 또 그것이 오래도록 머물게 되면 졸음이 오고 피로해지기 때문이다. 혈액이 위장 쪽으로 모이고 부교감신경이 항진되면 뇌쪽으로 가는 혈액의 양이 부족하게 되어 자연히 긴장이 헤이해져서 나른하게 된다. 그러므로 이런 때는 물이 가장 좋다. 과자류나 설탕이 든 음료수는 좋지 않다. 체내에 수분과 산소가 부족해지면 혈액순환에 장애가 생기고 혈류가 건강하지 못해 뇌 기능도 활발하지 못하게 된다.

## 10. 소화를 지체시키는 간식

음식을 먹으면 2시간 정도 위장에서 소화를 시키고, 소장으로 넘어가 3시간 정도 지나면 소화흡수가 된다. 그런데 위장과 소장은 서로 교대로 활동을 한다. 즉 위장이 일을 할 때는 소장이 쉬고, 소장이 일을 할 때는 위장이 쉰다. 평생 먹고 소화시키야 살 수 있기 때문에 위장과 소장이 충분한 휴식을 취할 수 있도록 해주어야 건강하다. 그러므로 식사와 식사 사이는 최소한 5시간 정도의 간격을 주고 규칙적으로 먹어야 소화기관이 교대로 휴식을 취할 수 있다.

그러나 식간에 음식을 먹는 간식을 하면 어떤 일이 벌어질까? 식사 후 3시

간이 지나서 간식을 하면 위장은 쉬고 소장이 일을 하는 시간인데, 음식이 들어오기 때문에 위장은 쉬지 못하고 다시 일을 해야 한다. 그런데 위장이 음식을 소화시킬 때는 많은 에너지가 필요하기 때문에 소장을 움직이던 에너지까지 위장으로 출장을 가야 한다. 그러면 소장에서 소화흡수되어야 할 음식이 소화가 되지 않고 지체되면서 부패되고 독소를 발산하게 된다.

연구결과에 의하면 간식을 하지 않으면 먹은 음식이 5시간이면 소화가 되지만, 하루에 한번 간식을 하면 8시간, 2번 간식을 하면 12시간, 3번 하면 18시간이 지날 때까지 소화가 안되는 것으로 밝혀졌다.

이와같이 간식을 하면 소화가 지체되면서 부패되고 독소를 발산시키기 때문에 두뇌기능을 저해하여 머리를 무겁게 만든다.

보통 서둘러 학교를 가야하는 학생들이 아침 식사를 안 하거나 아니면 간단히 먹고 가게 되면 점심시간이 되기 전에 배가 고프므로 간식을 하게 된다. 이 간식은 점심식사를 맛이 없게 하는 원인이 되어 점심을 제대로 못 먹고 저녁쯤 되어 다시 배가 고프게 되므로 또 간식을 하게 된다. 이 간식은  저녁은 대충 먹고 잠자리에 들기 전에 다시 배가 고프게 되어 다시 간식을 하게 된다. 그러면 다음 날 아침은 또 먹을 의욕이 없어지게 된다. 그러므로 과자나 견과류나 과실이나 기타 어떤 종류의 음식이라도 간식은 하지 말아야 한다. 불규칙한 식사는 소화기관의 건전한 상태를 파괴하여 건강과 상쾌함을 누리지 못하게 한다. 식사 후 위장을 완전히 비우는데 걸리는 시간을 알아보기 위하여 X-Ray를 찍어 본 결과 건강한 사람이 4~5시간만에 위장이 비워지는 것을 발견했다.

간식을 하게 되면 아주 소량이라 할지라도 소화 작용을 지연시켜 위장에서 음식물이 그대로 남아 정체된 음식물은 부패되어 독소를 생산하고 몸과 정신과 감정을 둔하게 만들어 결국에는 질병을 초래한다.

## 11. 두뇌를 방해하는 편식

머리를 좋게 하려면 무엇보다도 매일매일의 식사를 통하여 적절한 양질의 단백질과 다가불포화지방산(소맥배아, 콩, 깨 등의 식물류) 및 비타민 B 복합체, 비타민 C, 비타민 E, 칼슘, 아연, 망간 등을 섭취하는 것이 필요하다. 이러한 영양소들이 골고루 들어가게 하기 위하여 편식하지 않는 습관이 중요하다.

비타민 C는 오른쪽 뇌와 왼쪽 뇌의 정보 교환을 원활히 하는 데 필수적인 영양소이며, 그밖에도 뇌혈관을 튼튼히 하고 혈중 콜레스테롤을 낮추는 작용을 하여 혈액의 흐름을 좋게 한다. 또 아연은 기억물질인 DNA(핵산단백질)의 합성을 촉진시키는 작용을 하며, 칼슘은 뇌신경세포의 안테나 역할을 하는 시냅스에서의 정보전달을 촉진시킨다.

비타민 B 복합체에 속하는 비타민 $B_1$, $B_2$, $B_6$, $B_{12}$ 등은 두뇌활동 물질인 GABA(감마아미노낙산)와 플러스 물질 및 마이너스 물질의 합성에 기여한다. 또한 다가불포화지방산은 뇌의 건조 중량의 30%를 차지하는 인지질의 구성 성분으로서 매우 중요한 것이다. 그리고 비타민 E는 혈액의 흐름을 좋게 한다. 뇌에는 눈에 보이지 않을 만큼 가늘고 많은 혈관이 흐르고 있다. 혈관이 거미줄처럼 뻗어 있기 때문에 혈액의 순환은 중요한 문제이다. 망간은 정서 미네랄이라는 별명이 붙어 있을 정도로 정서적 안정을 지켜 주는 중요한 기능을 한다. 이 모든 영양소들이 음식물을 통하여 일상적으로 섭취되어야 하는 것이다. 하루 세 끼를 통해서 충분히 공급되도록 음식을 골고루 섭취해야 한다.

- **비타민 $B_1$이 풍부한 식품** : 대두, 팥, 완두콩, 강낭콩, 브라질 넛, 땅콩, 캐슈 넛, 피스타치오, 현미밥, 밀배아

- **비타민 $B_2$를 많이 함유하고 있는 식품** : 아몬드, 아보카도, 말린 표고버섯, 갓, 유채
- **비타민 $B_6$를 많이 함유한 식품** : 고구마, 바나나
- **비타민 $B_{12}$를 많이 함유한 식품** : 김, 컴프리(야채류)
- **비타민 C를 많이 함유하고 있는 식품** : 구아바, 딸기, 오렌지, 감, 키위, 포도, 귤, 메론, 망고, 양배추, 브로콜리, 갓, 시금치, 고구마, 작은 토마토, 감자, 푸른고추
- **비타민 E를 많이 함유한 식품** : 아몬드, 해바라기씨, 땅콩, 브라질넛, 아보카도, 무청, 붉은 피망, 밀배아
- **칼슘이 풍부한 식품** : 순무, 무청, 두부, 오쿠라, 다시마, 미역, 검정깨, 유채
- **아연이 풍부한 식품** : 누에콩, 캐슈넛, 메밀가루, 렌즈콩
- **망간이 풍부한 식품** : 말린 토란줄기, 아마란사스, 호밀가루, 근대, 밤, 현미밥, 곶감

## 12. 피로나 질병을 불러일으키는 불규칙적인 식사

식사를 불규칙하게 하여서는 결코 안 된다. 만일 저녁식사를 보통보다 한 시간이나 두 시간 일찍 먹게 되면 위는 새로이 지워지는 무거운 짐을 위해 준비가 되어 있지 않다. 왜냐하면 위가 먼저 먹은 음식을 아직 처리하지 못하여 새로운 일을 위한 활력을 지니고 있지 못하기 때문이다. 이리하여 신체조직은 과도한 일을 하도록 강요당한다. 또한 적당한 환경을 맞추기 위하여 또는 일정량의 일을 하기 위하여 식사를 한 시간이나 두 시간 늦추어도 안 된다. 위는 음식을 습관적으로 받아들이던 그 시간에 음식을 요구한다. 만일 그 시간이 지연되면 조직의 활력이 감소된다. 그리고 마침내 식욕이 완전히 감퇴되어 버린다. 만일 이 때에 음식을 먹으면 위장은 그것을 적

절하게 돌볼 수 없게 된다. 그 음식은 좋은 피로 변화될 수 없다. 만일 모두가 물 외에 아무 것도 맛보지 않고  규칙적으로 먹는다면 그들은 음식을 먹을 준비가 되어 저희 노력에 보답을 주는 식사를 즐길 것이다.

식사를 규칙적으로 하는 것은 매우 중요하다. 매끼의 식사에 대하여 일정한 시간을 정할 것이다. 이 식사시간에 신체가 요구하는 것을 먹도록 하라. 그런 다음에는 다음 식사 때까지 아무것도 먹지 않도록 하라. 신체가 아무 음식도 요구하지 않는 때에, 즉 불규칙한 간격으로 식사 사이에 먹는 사람들이 많다. 왜냐하면 버릇을 고칠만한 충분한 의지력을 갖지 못했기 때문이다. 어떤 사람들은 먹을 것이 손에 닿기만 하면 항상 먹는다. 이것은 매우 해롭다. 만일 사람들이 단순하고 영양 있는 음식을 규칙적으로 먹는다면 그들은 그렇게 심한 피로를 느끼거나 질병으로 크게 고생하지 않을 것이다.

## 나는 아이들을 이렇게 키웠다.

'아이들의 머리가 좋아지게 하기 위해 어떤 음식을 먹였느냐' 는 질문을 받고 나는 어떻게 자녀들을 키웠는지 그 경험에 대하여 대한민국 어머니들이 아이들을 더 잘 키우게 되길 바라는 마음으로 용기를 내어 쓰기로 했다.

나는 의료인이기 때문인지 무엇보다 '건강한 몸에 건전한 정신을 갖게 된다' 는 말을 믿고 건전한 도덕심과 의지력, 그리고 지적 향상을 위해 건강에 더 많은 신경을 썼던 것 같다. 음식물의 특성과 음식물을 먹는 방법 여하에 따라 건강은 큰 영향을 받는다.
아이들이 공부를 잘하는 것과 머리가 좋고 안 좋은 것은 유전적인 영향도 크다. 그러나 후천적으로 뇌세포의 막을 형성하고 뇌기능을 증진시키기 위하여 어떤 음식을 어떻게 먹느냐 하는 문제도 매우 중요한 것이라고 생각한다.
또 위는 뇌와 밀접한 관계가 있다. 그러므로 위가 병들면 소화기관을 돕기 위하여 뇌에서 신경력을 불러 낸다. 뇌를 끊임없이 사용하고, 또 육체적 운동이 부족할 때에는 평범한 음식물이라도 적게 먹어야 한다. 식사 시간에는 근심과 걱정스러운 생각을 던져 버리고, 서두르지 말며, 천천히 즐겁게 먹으라고 한다. 그리고 한끼에 너무 여러 가지를 먹지 말고 다음 식사에서 바꾸어 먹으면 더 좋다고 한다.

우리 아이 둘 다 하바드 대학을 가서 의사들이 되었기 때문에 성공했다고 생각하는 사람도 있지만 그것이 부모들의 노력에 의해서만 되는 것이 아니었다고 나는 생각한다. 그러나 부모가 최선을 다하여 아이들이 가지고 태어난 소질을 어려서부터 개발 시켜주는 일이 중요한 것은 사실이라고 믿는다.
음식물의 선택이나 식생활 습관은 부모들이 어려서부터 바로 지도할 필요가 있다고 생각한다. 아이들의 식생활 습관을 지도하기 위해서는 먼저 부모가 건강한 식생활 습관을 실천해야 한다. 부모는 아이들 앞에서 담배를 피우고 술을 먹으면서 어찌 아이들을 술과 마약의 위험에서 보호할 수 있겠는가?

초기에 형성된 습관은 지적인 거인이 되게 하느냐 그렇지 않으면 난장이가 되느냐를 결정함에 있어서 어떤 유전적인 요소 보다도 더 큰 영향을 끼친다. 왜냐하면 가장 뛰어난

재능이라도 그릇된 습관으로 인하여 왜곡되고 악화 될 수 있기 때문이다. 해로운 습관을 형성하는 시기가 어린 시절일수록 희생자가 된 그들은 거기에 더욱더 굳게 붙들려 매이게 된다. (CH, 112,113)

자녀들이 바른 습관과 순수한 식성을 형성하도록 돕는 것이 어머니들의 과업이다. 자녀들의 식성을 교육시켜서 자극성들을 싫어 하도록 가르치라. ( MH, 334-335)

이러한 교훈들을 따라서 나는 아이들이 어렸을 때부터 채식 위주의 식사를 하게 하였고 가능하면 카페인이 있는 코카콜라 등은 피하고 오렌지 주스도 직접 오렌지를 짜서 먹였으며 아침식사는 꼭 균형지게 잘 먹도록 하였다. 그래서인지는 몰라도 두 아이가 학교를 빠진 일이 거의 없이 고등학교까지 건강히 잘 다녔다. 교육열이 높은 백인 지역에서 초등학교 때는 동양인으로는 우리 아이들만 있었으나 공부도 잘하고 아이들과 잘 어울려 지내서 감사했다. 고교를 졸업할 때는 둘이 다 졸업생 대표로 연설도 하고 일등을 해서 명문 대학에 갈 수 있었다.
하바드 대학에 간 아들이 기숙사에서 생활할 때에는 이제 성인이 되었으니 알아서 좋은 음식을 선택하여 먹으라고 했던 일이 생각난다. 대부분 한국 학생들이 술을 마시지만 자기 혼자만 술을 하지 않는다고 해서 그런 의지력을 갖게 해 주신 하나님께 감사했다.

지금은 아이의 아빠가 되었지만 늘 건강한 음식물을 선택하고 애기도 그렇게 키우는 것이 어릴 때 받은 교육의 영향이 있는 것 같기도 하다. 그러나 지금 생각하면 잘못한 일들이 더 많고 다시 기회를 갖는다면 더 잘 키울 수 있을 것이라고 후회를 하며 스스로를 위로해본다.

LA에서 kim(Doctor)

**에덴 건강식품**
www.backtoeden.tv
019-678-9580, 010-4302-0326

**미국 캘리포니아 에덴 건강식품**
1927W.chateau Ave Anaheim, CA92804
310-701-7099  213-725-6808

# 영재아이로 만드는 웰빙음식

1판 1쇄 인쇄 | 2011년 3월 1일
1판 1쇄 발행 | 2011년 3월 5일

**지은이** | 이미숙
**감수자** | 양일권
**사 진** | 서성일
**푸드스타일리스트** | 심은영
**펴낸이** | 윤다시
**펴낸곳** | 도서출판 예가

**주 소** | 서울시 영등포구 당산동 1가 191-10
**전 화** | 02)2633-5462
**팩 스** | 02)2633-5463
**이메일** | yegabook@hanmail.net
**등록번호** | 제 8-216호

**ISBN** 978-89-7567-539-3 13590